普通生物学
核心词汇详解

沈 凌 严 俊 编著

中国农业大学出版社
· 北京 ·

内容简介

本书收录了普通生物学的核心词汇共计636个。本书与一般的专业词汇书籍不同之处在于：单词量虽然不是很多，但是每个单词都进行了详细解析；从单词的词源进行分析，对其进行中文解释，每个单词还有一个例句以及翻译进行参考。636个单词分布在11章，涵盖了细胞生物学、细胞化学、生理学、分子生物学、植物学等普通生物学的所有基本分支，是作者根据多年的实际教学经验精心挑选出来的单词。通过学习本书核心词汇，学习普通生物学课程的本科学生可以掌握双语词汇，加深对生物基础概念的理解。另外，随着国际课程越来越普及，学习国际生物课程，例如AP，IB，A-level等课程的学生也可以通过本书掌握生物学的基本词汇。

图书在版编目(CIP)数据

普通生物学核心词汇详解/沈凌，严俊编著. —北京：中国农业大学出版社，2017.5
ISBN 978-7-5655-1725-9

Ⅰ.①普…　Ⅱ.①沈…　②严…　Ⅲ.①生物学－英语－词汇－中学－教学参考资料
Ⅳ.①G634.413

中国版本图书馆CIP数据核字(2016)第252820号

书　　名　普通生物学核心词汇详解
作　　者　沈凌　严俊　编著

策划编辑	潘晓丽　孙　勇	**责任编辑**	田树君
封面设计	郑　川		
出版发行	中国农业大学出版社		
社　　址	北京市海淀区圆明园西路2号	**邮政编码**	100193
电　　话	发行部 010-62818525,8625		读者服务部 010-62732336
	编辑部 010-62732617,2618		出　版　部 010-62733440
网　　址	http://www.cau.edu.cn/caup	**E-mail**	cbsszs @ cau.edu.cn
经　　销	新华书店		
印　　刷	涿州市星河印刷有限公司		
版　　次	2017年5月第1版　2017年5月第1次印刷		
规　　格	787×1 092　16开本　10.75印张　260千字		
定　　价	38.00元		

图书如有质量问题本社发行部负责调换

前言

生物科学是21世纪最热门和最有前途的专业之一。越来越多的学生在中学毕业后，选择在国外学习生物科学专业，或者与生物科学相关的专业，例如心理学、营养学等。在中学阶段，生物类的国际课程，尤其是A-level、AP和IB生物课程，对于中学生来说具有很大难度。这是因为，一方面，这些课程的内容达到了国内生物专业本科生的学科内容难度；另一方面，生物科学中大量的专业词汇让很多学生望而却步。

目前，国内还没有一本专门针对中学生的生物专业词汇的词典，已有的英汉专业词典的解释又不十分清晰。本书结合两位作者10余年的教学经验，一方面，从语言学角度，对生物学词汇进行单词解析，希望从词根角度，帮助学生理解专业词汇；另一方面，对所有词汇从生物专业角度进行了解释，并列举了例句，从多维角度帮助学生了解单词的意思。

本书一共收录了636个单词，和一般的词汇书不同，本书按照普通生物学的章节进行撰写，包括细胞结构、生物化学、细胞分裂，直到人体生理学等共11章。每一章内的单词按照字母顺序排列。每个单词涵盖了音标、具体含义解析、词根分析以及例句等部分。在解析里面，还针对出现过的专业术语，用英文做标注，以加深印象和记忆。考虑到这些单词在不同章节里都存在不同的意义，里面存在部分单词的重复。这636个单词，并不能涵盖生物学所有的专业词汇，却是作者根据多年的教学经验精心挑选出来的，是普通生物学的最常见的重要的词汇。掌握这些词汇，对于双语学习生物学具有很好的借鉴意义。因此，此书不仅可以供学习国际课程的学生使用，也可供国内生物学专业的本科生使用。

由于作者能力有限，时间仓促，书中不足及错误之处在所难免，还请各位读者多提宝贵意见。

编著者

2016年8月

目　录

Chapter 1 Cell Structure

第一章 细胞结构

bacteria [bæk'tɪrɪə] *n* 细菌

释义 细菌属于原核生物(prokaryote),其结构较动物和植物细胞要简单。通常为单细胞,没有细胞核(nucleus),但是有 DNA,有时表现为环状,即为质粒(plasmid)。也没有含有膜的细胞器(organelle)。在自然界中,细菌是维持生态系统(ecosystem)中氮和碳循环最重要的生物。

词根 bacteria 是单词 bacterium 的复数,以 ium 结尾的单词,其复数一般将 ium 变为 ia。

例句 Usually, we can use bacteria diagram to show the typical features of a prokaryotic cell. 通常,我们可以使用细菌的结构图来显示原核细胞的典型结构。

cell wall 细胞壁

释义 包在植物(plant)、真菌(fungi)、细菌(bacteria)细胞外面的一层坚韧的壁。具有全通透性。在植物细胞中,其主要成分为纤维素(cellulose),在真菌中为几丁质(chitin),在细菌中为肽聚糖(peptidoglycan)。

词根 cell 是细胞的意思,wall 是墙壁的意思, cell wall 即为细胞壁的意思。

例句 Cell wall is freely permeable to gases, water and solutes. 气体、水和溶质分子可以自由地通过细胞壁。

centriole ['sentrɪoʊl] *n* 中心粒

释义 一种细胞器(organelle),一般为 2 个,呈直角分布,通常在动物细胞中存在,在有丝分裂(mitosis)过程中起重要作用。

词根 centr 表示中心的意思,centriole 即为中心粒的意思。

例句 Each centriole consists of a cylinder of nine triplets of microtubules surrounding two central ones. 每个中心粒由 9 个圆柱体构成,每个圆柱体由 3 个微管包围 1 个中心微管构成。

centrosome ['sentrəsoʊm] *n* 中心体

释义 一种细胞器(organelle),在细胞分裂(cell division)时形成纺锤体(spindle)。

词根 centro 是中心的意思,some 是体的意思,centrosome 即为中心体的意思。

例句 Centrosome is absent from most plant cells. 大多数植物细胞没有中心体。

chloroplast [ˈklɔːrəplæst] *n* 叶绿体

释义 一种细胞器(organelle)。通常存在于植物细胞中,由 2 层膜包裹。含有基粒(grana),基粒由类囊体(thylakoid)构成。类囊体上含有光合作用(photosynthesis)所需的色素(pigment),例如叶绿素(chlorophyll)等。叶绿体含有自己的遗传信息物质,即 DNA,其基质中还含有核糖体(ribosome)。叶绿体的主要作用是进行光合作用。

词根 chloro 是绿色的意思,plast 是体的意思,chloroplast 即为叶绿体的意思。

例句 As with mitochondria, it has been shown that chloroplast originated an endosymbiotic bacterium, in this case photosynthetic blue-green bacteria.

同线粒体一样,已经表明,叶绿体起源于内共生菌,例如光合作用的蓝细菌。

chitin [ˈkaɪtɪn] *n* 几丁质

释义 几丁质是一种多糖(polysaccharide),存在于真菌(fungi)的细胞壁(cell wall)中,较为坚硬。

词根 源于法语 chitine,tin 是质的意思,音译为几丁质。

例句 Fungi cells have cell walls made of chitin or other substances, not cellulose. 真菌细胞有细胞壁,其由几丁质或者其他物质构成,但是不含有纤维素。

chromatid [ˈkroʊmətɪd] *n* 染色单体

释义 出现在有丝分裂(mitosis)和减数分裂(meiosis)过程中,2 条染色单体通过着丝粒连接形成 1 条染色体(chromosome)。由 1 条 DNA 分子和蛋白质(protein)构成。组成同样 1 条染色体的 2 条姐妹染色单体是完全相同的。在有丝分裂中,染色体最后会分开成2 条染色单体。

词根 chrom 是颜色的意思,chromatid 即为染色单体的意思。

例句 During mitosis, sister chromatids remain joined by their centromeres until anaphase. 在有丝分裂中,姐妹染色单体在后期之前都由着丝粒连接在一起。

chromatin [ˈkroʊmətɪn] *n* 染色质

释义 染色体(chromosome)的一种存在形式,在非分裂期(例如细胞间期)中呈现出的松散的网状细线结构。

词根 chrom 是颜色的意思,tin 是质的意思,chromatin 即为染色质的意思。

例句 The combination of DNA and proteins is called chromatin. 染色质由 DNA 和蛋白质组成。

chromosome [ˈkroʊməsoʊm] *n* 染色体

释义 存在于真核细胞(eukaryote)的细胞核(nucleus)中,由 DNA 和蛋白质(protein)组成的线性结构的物质，携带有基因(gene)。因其可以被染色而在光学显微镜(light microscope)下能被观察到，因此称之为染色体。

词根 chromo 是颜色的意思，some 表示体的意思，chromosome 即为染色体的意思。

例句 The number of chromosomes is characteristic of the species. 不同物种的染色体数量是不同的。

chromoplast [ˈkroʊməˌplæst] *n* 色质体

释义 含有色素(pigment)的质体。质体是植物细胞中含有 2 层膜结构的细胞器(organelle)的总称。胡萝卜、西红柿等之所以显示出颜色，是因为它们细胞的色质体含有类胡萝卜素(carotenoid)的结果。

词根 chromo 意为有颜色的，plast 是体的意思，chromoplast 即为色质体的意思。

例句 Chromoplasts store carotenoid pigments and are responsible for the red-orange-yellow coloring of carrots, tomatoes, daffodils and many other plants. 色质体含有类胡萝卜素，因此它是胡萝卜、西红柿、水仙和很多其他植物能够显示出红色、橙色和黄色的原因。

cilia [ˈsɪlɪr] *n* 纤毛

释义 一种细胞器(organelle)。在真核细胞(eukaryote)表面伸出的，能运动的突起。跟鞭毛(flagella)相比，纤毛要短一些，数量会多一些。

词根 cilia 是 cilium 的复数，一般 ium 结尾的单词的复数是将 ium 变成 ia。例如 bacterium 和 bacteria 也是如此。

例句 Cilia are made of microtubules. 纤毛是由微管构成的。

crista [ˈkrɪstə] *n* 嵴

释义 线粒体(mitochondrion)内膜折叠形成的结构，其表面分布有电子传递链(electron transport chain)和 ATP 合成的酶(enzyme)。

词根 crista 是 cristae 的复数形式。

例句 Enzymes that are important to cellular respiration are embedded in the cristae membrane of mitochondria. 细胞呼吸中很重要的那些酶嵌入在线粒体内膜的嵴上。

cytoplasm [ˈsaɪ toʊplæzəm] *n* 细胞质

释义 细胞(cell)的内容物。约含 90%的水分，溶解有细胞需要的各种离子和化学物质等，也可以表现为溶胶，含有大分子物质，例如蛋白质(protein)、淀粉(starch)和核酸(nucleic acid)等。

词根 cyto 是细胞的意思，plasm 是原质、原浆的意思，cytoplasm 即为细胞质的意思。

例句 The entire region between the nucleus and plasma membrane is called cytoplasm. 在

细胞膜和细胞核之间的整个区域称之为细胞质。

cytoskeleton [ˌsɪtə'skelətən] *n* 细胞骨架

释义 细胞骨架是细胞质(cytoplasm)内的网状纤维结构,用于维持细胞的形状,提供细胞器(organelle)运动的锚定结构。

词根 cyto 是细胞的意思,skeleton 是骨骼、骨架的意思,cytoskeleton 是细胞骨架的意思。

例句 Cytoskeleton comprises various elements, including microtubules, microfilaments and intermediate filaments. 细胞骨架由多种结构构成,包括微管、微丝和中间纤维。

endoplasmic reticulum (ER) 内质网

释义 内质网是一种含有单层膜的细胞器(organelle)。有两种类型,一种是粗面内质网(rough ER),一种是滑面内质网(smooth ER)。粗面内质网的表面含有核糖体(ribosome),其功能与蛋白质(protein)的合成和运输相关;滑面内质网的主要功能是参与了脂类(lipid)的合成。

词根 endo 表示内、里面的意思,plasmic 是原生质的意思,reticulum 是网状组织的意思,endoplasmic reticulum 即为内质网的意思。

例句 Smooth ER, so called because it lacks ribosomes, has a completely different function: making lipids and steroids, such as cholesterol and the reproductive hormones estrogen and testosterone. 滑面内质网之所以被这样称呼,是因为它缺少核糖体,因此它有完全不同的功能:制造脂类和类固醇,例如胆固醇、雌激素和睾酮。

eukaryote [ju'kærioʊiət] *n* 真核细胞

释义 真核生物(eukaryote)不同于原核生物(prokaryote),其细胞含有细胞核(nucleus),也含有膜包被的细胞器(organelle),例如线粒体(mitochondrion)、内质网(endoplasmic reticulum)等。一般体积较原核细胞大,结构和功能也更复杂。一般来说,常见的真菌(fungi)、动物(animal)和植物(plant)都属于真核生物。此外,原生生物(protist)也属于真核生物,例如草履虫(paramecium)等。

词根 eu 表示好、真的意思,karyon 表示核的意思,ote 表示细胞的意思,eukaryote 即为真核细胞的意思。

例句 All the eukaryotes have cells with nuclei and membrane-bound organelles. 所有的真核生物的细胞都含有细胞核和膜包被的细胞器。

flagella [flə'dʒelə] *n* 鞭毛

释义 鞭毛和纤毛(cilia)具有相同的内部结构,都是由微管(microtubule)组成。不过鞭毛比纤毛要长很多。一般指原核生物(prokaryote),例如细菌(bacterium),具有的结构。其功能是帮助运动。

词根 flagella 是 flagellum 的复数，以 um 结尾的单词，其复数一般将 um 变成 a。

例句 Usually, flagellum is a whiplike extension of bacteria with a basal body at its base, whose beat causes locomotion of the cell. 通常来说，鞭毛指的是细菌的鞭状延伸物，它的底部有一个基体，鞭毛的跳动引起细胞的运动。

Golgi apparatus 高尔基体

释义 一种细胞器(organelle)，具有单层膜结构，由小泡和扁平膜包被的囊状堆积物组成，其作用为进行蛋白质(protein)的加工、分类和转运等。

词根 Golgi 是姓氏，意大利著名生物学家，其在显微镜下首次发现高尔基体，并因此获得诺贝尔奖。apparatus 是装置的意思，因此 Golgi apparatus 是高尔基体的意思，也可写为 Golgi body 或者 Golgi complex。

例句 The Golgi apparatus collects, processes and sort molecules (particularly proteins from the rough ER), ready for transport in Golgi vesicles either to other parts of the cell or out of the cell. 高尔基体可以对分子(尤其是来自于粗面内质网的蛋白质)进行收集、加工和分类，以便于高尔基滤泡对其运输到细胞的其他位置或者运输到细胞外。

grana ['greɪnə] *n* 基粒

释义 指的是叶绿体(chloroplast)内部的内膜结构的堆积体。

词根 grana 是 granum 的复数。以 um 结尾的单词，其复数需将 um 变为 a。

例句 These stacks of thylakoids in the chloroplast are called grana. 叶绿体中这些类囊体的堆积物称之为基粒。

intracellular [ɪntrə'seljələ] *adj* 细胞内的

释义 在细胞内部的。

词根 intra 表示在里面的意思，cellular 是细胞的意思，intracellular 即为细胞内的意思。

例句 The endoplasmic reticulum is a system of intracellular membranes. 内质网属于细胞内膜系统。

leucoplast ['luːkəˌplæst] *n* 白色体

释义 质体(plastid)的一种，不含任何色素(pigment)，在植物贮藏细胞中常见，其作用为储藏淀粉(starch)等。

词根 leuco 是无色或者白的意思，plast 表示体的意思，所以 leucoplast 即为白色体。

例句 Lacking photosynthetic pigments, leucoplasts are not green and are located in non-photosynthetic tissues of plants, such as roots, bulbs and seeds. 由于缺乏光合色素，白色体不是绿色的，一般分布在植物的非光合作用的组织中，例如根、茎和种子中。

lysosome ['laɪsəˌsoʊm] *n* 溶酶体

释义 一种细胞器(organelle)。含有一层膜,一般为球形。内含多种消化酶(digestive enzyme),可以破坏分解死去的细胞结构或者入侵的细菌(bacterium)等。

词根 lyse 是分解的意思,some 是体的意思,酶的作用就是分解化学分子,所以译为溶酶体。

例句 The heads of sperm contain a special lysosome, the acrosome, for digesting a path to the egg. 精子的头部含有一种特殊的溶酶体,即顶体,其可以为精子进入卵子消化出一条通道。

matrix [ˈmetrɪks] *n* 基质(线粒体的)

释义 由线粒体(mitochondrion)的内膜包裹的内部空间。为液体状,含水分、蛋白质(protein)、脂类(lipid)等化学分子,类似于细胞质(cytoplasm)。

词根 matr 是母亲的意思,matrix 即为母体、基质的意思。

例句 Matrix is the interior solution of the mitochondrion. 基质是线粒体的内部溶液部分。

microfilament [ˌmaɪkroʊˈfɪləmənt] *n* 微丝

释义 微丝是细胞骨架(cytoskeleton)的重要组成部分。由肌动蛋白(actin)通过螺旋聚合形成的纤丝。

词根 micro 是小、微的意思,filament 是丝的意思,microfilament 即为微丝的意思。

例句 Microfilaments are filamentous structures in the cytoplasm of eukaryotic cells and form part of the cytoskeleton. 微丝是真核细胞细胞质内的丝状结构,形成细胞骨架的一部分。

microtubule [ˌmaɪkroʊˈtjubul] *n* 微管

释义 微管是细胞骨架(cytoskeleton)的重要组成部分。微管是由微管蛋白(tubulin)构成的蛋白质二聚体组成的笔直、中空的细胞内结构。

词根 micro 是小、微的意思,tubule 是管的意思,microtubule 即为微管的意思。

例句 Microtubules are made of a protein called tubulin. 微管是由微管蛋白构成的。

microscope [ˈmaɪkrəskoʊp] *n* 显微镜

释义 一类仪器。可以将物体放大,以便于人眼更清楚地观察。在生物学研究中用到的显微镜分为光学显微镜(light microscope)和电子显微镜(electron microscope)。电子显微镜的放大率(magnification)和分辨率(resolution)都较光学显微镜高,但是不能观察活着的生物且图片只能呈现出黑白色。

词根 micro 是小、微的意思,scope 是镜的意思,microscope 即为显微镜的意思。

例句 The light microscope contains objective lens and eyepiece lens. 光学显微镜含有目镜和物镜。

mitochondrion [ˌmaɪtoʊˈkɑːndriən] *n* 线粒体

释义 一种细胞器(organelle),具有 2 层膜。其中内膜可以皱起形成嵴(cristae)的结构,上面有 ATP 的合成酶，线粒体拥有自己的 DNA 和核糖体(ribosome)，其主要功能是进行细胞呼吸(respiration)，生成 ATP。

词根 mito 是线的意思，chondriome 是线粒体系的意思，mitochondrion 即为线粒体的意思，其复数形式为 mitochondria。

例句 The main function of mitochondrion is to carry out aerobic respiration, although they do have other functions, such as the synthesis of lipids. 线粒体的主要功能是进行有氧呼吸，虽然它也有其他功能，例如，合成脂类物质。

nucleolus [njuː'kliːələs] *n* 核仁

释义 位于细胞核(nucleus)内的深色区域的部分，其功能是产生核糖体(ribosome)。

词根 nucleo 是核的意思，nucleolus 是核仁的意思，其复数形式为 nucleoli。

例句 The nucleolus makes ribosomes, using the information in its own DNA. 核仁可以利用其自己的 DNA 中的信息来制造核糖体。

nucleus ['nuːkliəs] *n* 细胞核

释义 一种细胞器(organelle)，具有双层膜，具有核孔(nuclear pore)，核膜内有核仁(nucleolus)和 DNA 分子，是细胞最重要的细胞器之一，具有携带遗传信息的作用。

词根 nuc 是仁、核心的意思，nucleus 在生物学中是细胞核的意思。其复数为 nuclei。

例句 Within the nucleus, the chromosomes are in a loosely coiled state known as chromatin. 在细胞核内，染色体以松散缠绕的状态呈现，称之为染色质。

organelle [ˌɔːgə'nel] *n* 细胞器

释义 在细胞内部的具有一定形态和功能的亚微结构，例如线粒体(mitochondrion)、核糖体(ribosome)、溶酶体(lysosome)等，有的细胞器有膜结构，可能有单层膜结构或者双层膜结构，有的细胞器没有膜结构，例如核糖体。

词根 organ 是器官的意思，organelle 是细胞器的意思。

例句 An organelle can be defined as a functionally and structurally distinct part of a cell. 细胞器可以被定义为一个细胞的功能和结构上的各不相同的部分。

peroxisome [pə'rɒksɪˌsoʊm] *n* 过氧化物酶体

释义 一种细胞器(organelle)，位于真核生物(eukaryote)细胞内，含有过氧化物酶，其可以利用过氧化氢(hydrogen peroxide)氧化其他底物(substrate)等。

词根 是 peroxide ＋ some 的合成词，peroxide 是过氧化物的意思，some 是体的意思，peroxisome 即为过氧化物酶体的意思。

例句 Peroxisomes are involved in catabolism of very long chain fatty acids and branched chain fatty acids. 过氧化物酶体参与了长链脂肪酸和支链脂肪酸的代谢。

plasma membrane 质膜

释义 也称之为细胞膜(cell membrane),细胞表面的一层膜。具有保护细胞和控制物质交换的作用,质膜由磷脂双分子层(phospholipid bilayer)构成,双分子层间镶嵌有蛋白质(protein)、脂类(lipid)和胆固醇(cholesterol)等分子。

词根 plasma 是质的意思,membrane 是膜的意思,所以 plasma membrane 即为质膜的意思。

例句 The plasma membrane is extremely thin, about 7 nm. 质膜很薄,大概 7 纳米厚。

plastid [ˈplæstɪd] *n* 质体

释义 一种细胞器(organelle),和碳水化合物(carbohydrate)的合成和储存相关。有 3 种不同的类型,分别是叶绿体(chloroplast)、色质体(chromoplast)和白色体(leucoplast)。

词根 希腊语 plastos 是形成的意思,plastid 即为成形体、质体的意思。

例句 Plastids are the site of manufacture and storage of important chemical compounds used by the cell. 质体是细胞产生和储存重要化学物质的场所。

prokaryote [ˌproʊˈkærɪɒt] *n* 原核生物

释义 原核生物较真核生物(eukaryote)而言,体积要小,结构要简单。其没有真正的细胞核(nucleus),但是有作为遗传物质的核酸分子,有时候呈圆环状,即质粒(plasmid)。此外,原核生物没有含膜的细胞器(organelle)。原核生物主要包括细菌(bacterium)等。

词根 pro 是之前、原来的意思,希腊语中 karuon 是核的意思,prokaryote 即为原核生物的意思。

例句 A prokaryote is a single-celled organism that lacks a membrane-bound nucleus, mitochondria, or any other membrane-bound organelle. 原核生物是单细胞的有机体,缺乏膜包被的细胞器,例如细胞核和线粒体等。

pseudopod [ˈsjudəˌpɒd] *n* 伪足

释义 细胞表面伸出的突起,由细胞质(cytoplasm)流动形成,其功能是帮助细胞运动。

词根 与 pseudopodium 同义,pseudo 是假的、伪的意思,pod 是足的意思,pseudopod/pseudopodium 即为伪足的意思。

例句 Pseudopods are formed by microtubule and filament structures. 伪足由微管和微丝构成。

ribosome [ˈraɪbəsoʊm] *n* 核糖体

释义 一种细胞器(organelle),由 RNA 分子和蛋白质(protein)构成,在真核细胞(eukaryote)和原核细胞(prokaryote)中都存在。核糖体是蛋白质(protein)合成的场所。

词根 ribose 是核糖的意思,some 是体的意思,ribosome 即为核糖体的意思。

例句 Ribosomes are the sites of protein synthesis. 核糖体是蛋白质产生的位点。

spindle fibers 纺锤丝

释义 在有丝分裂(mitosis)的时候,能够观察到的细胞内的丝状结构的总称。

词根 spin 是纺织的意思,spindle 是纺锤的意思,fiber 是纤维、丝的意思,spindle fibers 即为纺锤丝。

例句 Spindle fibers are made from protein microtubules. 纺锤丝由微管蛋白构成。

stroma ['stroumə] *n* 基质

释义 特指叶绿体(choloroplast)膜内的空间及其组成部分,为液态,含有水、蛋白质(protein)等大分子,也含有叶绿体特有的 DNA 和核糖体(ribosome)。

词根 其复数形式为 stromata。ma 即为其单数,其复数一般在后面加上 ta。

例句 The conversion from carbon dioxide to sugars requires a cycle of enzyme-controlled reactions called the Calvin cycle and takes place in solutions in the stroma. 二氧化碳变成糖需要卡尔文循环中一系列的酶促反应,这些反应发生在基质的液体中。

thylakoid ['θaɪləˌkɔɪd] *n* 类囊体

释义 由单层膜构成的扁平小囊,含有光合色素(pigment)和电子转移链(electron transport chain),是光合作用(photosynthesis)中光反应(light reaction)发生的地点。类囊体位于基质(stroma)中。

词根 thylakos 是袋、囊的意思,thylakoid 是类囊体的意思。

例句 The membrane system of chloroplasts consists of fluid-filled sacs called thylakoids. 叶绿体的膜系统由充满液体的囊构成,称之为类囊体。

vacuole ['vækjuoʊ] *n* 液泡

释义 一种细胞器(organelle),由单层膜围绕形成的泡状结构。对于植物细胞,有些有中央大液泡。液泡内含有细胞液,包含糖类(carbohydrates)、无机盐等很多分子,是细胞的储存结构。

词根 vacu 是空的意思,vacuole 即为空泡、液泡的意思。

例句 The function and significance of vacuoles varies greatly according to the type of cells in which they are present. 液泡的功能和作用在不同的细胞中差异很大。

(40 words)

Chapter 2 Biochemistry

第二章 生物化学

adenine [ˈædənɪn] *n* 腺嘌呤

释义 一种化学物质，是构成核酸(nucleic acid)的重要组成部分，常简写为 A，在 DNA 中，可以和胸腺嘧啶(thymine)进行配对；在 RNA 中，可以与尿嘧啶(uracil)进行配对。

词根 aden 是腺的意思，ine 在生化学中是嘌呤根的意思，adenine 即为腺嘌呤的意思。

例句 Adenine has functions in protein synthesis and is also a chemical component of DNA and RNA. 腺嘌呤在蛋白质合成中发挥作用，并且也是 DNA 和 RNA 结构的组成部分。

alpha helix α 螺旋

释义 蛋白质(protein)二级结构(secondary structure)的主要形式之一。蛋白质主链沿着中心轴螺旋上升，参与的化学键主要是氢键(hydrogen bond)。

词根 alpha 是 α 的发音，helix 是螺旋的意思，alpha helix 即为 α 螺旋的意思。

例句 Hydrogen bonds maintain the structure of alpha helix of protein. 氢键维持了蛋白质 α 螺旋的结构。

amino acids 氨基酸

释义 构成蛋白质(protein)的基本结构单位。由 1 个碳原子(carbon)连接 1 个氨基(amino)、1 个羧基(carboxyl)、1 个氢原子(hydrogen)和 1 个 R 基团构成。根据 R 基团的不同，可以有不同种类的氨基酸。

词根 amino 是氨基的意思，acid 是酸的意思，amino acids 即为氨基酸的意思。

例句 When taken up into the human body from the diet, the 20 standard amino acids either are used to synthesize proteins and other biomolecules or are oxidized to urea and carbon dioxide as a source of energy. 被作为饮食摄入人体内，20 种标准的氨基酸要么被用来合成蛋白质或其他生物分子，要么被氧化成尿素和二氧化碳以释放能量。

amylopectin [ˌæməlouˈpektɪn] *n* 支链淀粉

释义 淀粉(starch)的一种，属于多糖(polysaccharide)。其基本构成单位为 α-葡萄糖(glucose)，主链为碳 1，碳 4 的糖苷键(glycosidic bond)相连，会形成支链。支链比主链短，也由葡萄糖以碳 1，碳 4 糖苷键相连。支链与主链相连接的地方为碳 1，碳 6 糖苷键。

词根 amylo 是淀粉的意思，pectin 是黏质、胶质的意思，amylopectin 即为支链淀粉的意思。

例句 Starch is made of about 70% amylopectin by weight, though it varies depending on the source. 淀粉重量的大约 70%都是直链淀粉，虽然根据其来源的不同可能会有变化。

amylose [ˈæmɪˌlɒs] *n* 直链淀粉

释义 淀粉(starch)的一种，属于多糖(polysaccharide)。由 α-葡萄糖以碳 1，碳 4 糖苷键相互连接形成的一条长链。

词根 amylo 是淀粉的意思，amylose 在生物化学中是直链淀粉的意思。

例句 Amylose is important in plant energy storage. 直链淀粉在植物的能量储存中很重要。

beta pleated sheet β 折叠

释义 蛋白质(protein)二级结构(secondary structure)的主要形式之一。肽键(peptide bond)平面折叠成锯齿状，参与的化学键主要是氢键(hydrogen bond)。

词根 beta 是 β 的意思，pleated 是折叠的意思，sheet 是片状物的意思，beta pleated sheet 即为 β 折叠的意思。

例句 The beta-pleated sheet is a common motif of regular secondary structure in proteins. β 折叠是蛋白质二级结构中的一种常见结构。

carbohydrate [ˌkɑrboʊˈhaɪdreɪt] *n* 碳水化合物

释义 一类有机物的总称。其分子结构均可以 $C_m(H_2O)_n$ 表示，主要作用是为细胞提供能量，包括单糖(monosaccharide)、双糖(disaccharide)和多糖(polysaccharide)等。

词根 carbo 表示碳的意思，hydrate 表示水的意思，carbohydrate 即为碳水化合物的意思。

例句 Carbohydrates perform numerous roles in living organisms. 碳水化合物在有机体中发挥很多作用。

carbon [ˈkɑrbən] *n* 碳

释义 一种化学元素，位于元素周期表第 6 位，是有机体组成的最基本和重要的元素之一，其构成的很多有机物在生命体中发挥重要的作用。

词根 源于拉丁语 carbo，是木炭、碳的意思。

例句 The atoms of carbon can be bonded together in different ways. 碳原子能以不同的形式连接在一起。

carbonyl [ˈkɑbənɪl] *n* 羰基

释义 一种化学基团。由碳(carbon)和氧(oxygen)两种原子通过双键连接而成。

词根 carbo 是碳的意思，nyl 是基的意思，carbonyl 即为羰基的意思。

例句 A carbonyl group is a functional group composed of a carbon atom double-bonded to an oxygen atom: C = O. 羰基是一个功能性基团,由 1 个碳原子和氧原子以双键连接形成。

carboxyl [kɑ'bɒksəl] *n* 羧基

释义 一种化学基团。由 1 个碳(carbon)原子、2 个氧(oxygen)原子和 1 个氢原子(hydrogen)组成,化学式—COOH。

词根 carbo 是碳的意思,ox 是氧的意思,yl 是基的意思,carboxyl 即为羧基的意思。

例句 Carboxyl group, in chemistry, is a functional group that consists of a carbon atom joined to an oxygen atom by a double bond and to a hydroxyl group, OH, by a single bond. 羧基,在化学中,是一个功能性基团,由 1 个碳原子通过双键连接 1 个氧原子,再通过单键连接 1 个羟基形成。

catalyst ['kætlɪst] *n* 催化剂

释义 能够改变化学反应速度而不破坏化学平衡,自身分子在反应前后不发生变化的物质称之为催化剂。

词根 catalysis 是催化作用的意思,catalyst 是促使催化作用发生的催化剂的意思。

例句 With a catalyst, reactions occur faster because they require less activation energy. 催化剂存在的情况下,化学反应发生得更快,因为它们需要更少的活化能。

cellulose ['seljuloʊs] *n* 纤维素

释义 一类多糖(polysaccharide),其基本结构组成单位为 β-葡萄糖(glucose)。是构成植物细胞细胞壁(cell wall)的主要成分。

词根 cellul 是小细胞的意思,-ose 是糖的意思,cellulose 在生物化学中是纤维素的意思。

例句 Cellulose is mainly used to produce paperboard and paper. 纤维素主要用于制造纸板和纸。

chitin ['kaɪtɪn] *n* 几丁质

释义 一种结构多糖(polysaccharide),起支撑和保护的作用,分布在真菌(fungi)的细胞壁,昆虫的甲壳中等。

词根 源于法语 chitine,是几丁质的意思。

例句 Chitin is a modified polysaccharide that contains nitrogen. 几丁质是一种修饰过的多糖,含有元素氮。

cholesterol [kə'lestərəl] *n* 胆固醇

释义 一种脂类物质,不溶于水,参与细胞膜(cell membrane)的结构组成,同时也是维生素(vitamin)D 和各种甾醇类(steroid)激素(hormone)的前体物质。

词根 chole 是胆的意思,ster 是顽固的意思,ol 是醇的意思,cholesterol 即为胆固醇的意思。

例句 In addition to its importance for animal cell structure, cholesterol also serves as a precursor for the biosynthesis of steroid hormones. 除了在动物细胞结构中发挥重要作用外，胆固醇也可作为类固醇激素合成的前体物质。

coenzyme [koʊˈenzaɪm] *n* 辅酶

释义 可以与酶(enzyme)松散结合的一类有机分子的总称，可以将化学基团从一个酶转移到另一个酶上。

词根 co 是共同、联合的意思，enzyme 是酶的意思，coenzyme 表示可以和酶一起作用，即为辅酶的意思。

例句 Cofactors can be subdivided into either one or more inorganic ions, or a complex organic or metallorganic molecule called a coenzyme. 辅助因子可以被分为 1 个或者多个无机离子，或者有机复合物，或者金属有机复合物分子，称之为辅酶。

cofactor [ˈkoʊˌfæktə] *n* 辅助因子

释义 一类化学物质，为酶(enzyme)的催化反应所必需。例如部分金属离子等。

词根 co 是共同、联合的意思，factor 是因子的意思，cofactor 即为辅助因子的意思。

例句 Organic cofactors are often vitamins or are made from vitamins. 辅助因子通常是维生素或者从维生素制造而来。

covalent bond 共价键

释义 一种化学键。2 个或多个原子共同使用外层电子以形成电子饱和的状态。这种由共用电子对形成的相互作用称之为共价键。

词根 co 是共同的意思，valent 是价的意思，bond 是结合、键的意思，covalent bond 即为共价键的意思。

例句 In the molecule of hydrogen gas, the hydrogen atoms share the two electrons via covalent bonds. 在氢气分子中，氢原子通过共价键共享了 2 个电子。

cytosine [ˈsaɪtoʊˌsin] *n* 胞嘧啶

释义 一种化学物质，参与了核酸(nucleic acid)的构成，常简写为 C，可与鸟嘌呤(guanine)进行配对。

词根 cyto 是细胞的意思，sine 在生化学中是嘧啶的意思，cytosine 即为胞嘧啶的意思。

例句 In DNA and RNA, cytosine is paired with guanine. 在 DNA 和 RNA 分子中，胞嘧啶和鸟嘌呤进行配对。

dehydration [ˌdihaɪˈdreʃən] *n* 脱水

释义 一种化学反应，在原来的分子上脱去 1 分子的水，称之为脱水。

词根 de 表示去掉的意思，hydra 表示水的意思，dehydration 即为脱水的意思。

例句 Dehydration reactions are a subset of condensation reactions. 脱水反应是缩合反应的一种。

denature [di'neɪtʃə] *vt* 变性

释义 特指蛋白质(protein)由于改变了其结构而失去其功能的现象，一般是蛋白质失去了其特定的三维结构(tertiary structure)。

词根 de 表示去掉、否定的意思，nature 是自然的意思，denature 即为不自然，引申为变性的意思。

例句 Enzyme can be denatured by high temperature. 酶在高温下会变性失活。

deoxyribonucleic acid 脱氧核糖核酸(DNA)

释义 一种化学物质，常简称为 DNA，是细胞携带遗传信息的分子，平时常说的基因(gene)都是 DNA 分子。其由脱氧核苷酸(nucleotide)构成，包括 1 个脱氧核糖(deoxyribose)、碱基(base)和 1 个磷酸分子。1 个碱基包括 A、T、G、C4 种，能形成双螺旋结构。

词根 de 是去掉的意思，oxy 表示氧，ribo 是核糖的意思，nucleic acid 是核酸的意思，deoxyribonucleic acid 即为脱氧核糖核酸的意思。

例句 Most DNA molecules consist of two biopolymer strands coiled around each other to form a double helix. 大多数 DNA 分子都有两条链相互缠绕在一起，形成双螺旋结构。

deoxyribose [diˌɒksɪ'raɪbous] *n* 脱氧核糖

释义 一种 5 碳单糖(monosaccharide)，由核糖(ribose)脱去碳 2 位上的氧原子构成，是构成脱氧核糖核苷酸(nucleotide)的基本结构单位。

词根 de 表示去掉，oxy 表示氧的意思，ribose 是核糖的意思，deoxyribose 即为脱氧核糖的意思。

例句 Deoxyribose is generated from ribose 5-phosphate by enzymes called ribonucleotide reductases. 脱氧核糖在核糖核苷酸还原酶的作用下由核糖-5-磷酸生成。

disaccharide [daɪ'sækəraɪd] *n* 二糖

释义 由 2 个单糖(monosaccharide)分子通过脱水形成。构成二糖的 2 个单糖可以是相同的，也可以是不同的。

词根 di 是 2 个的意思，saccharide 是糖的意思，disaccharide 即为二糖的意思。

例句 The most common types of disaccharides-sucrose, lactose and maltose-have twelve carbon atoms, with the general formula $C_{12}H_{22}O_{11}$. 二糖最常见的类型包括：蔗糖、乳糖和麦芽糖，这些糖都有 12 个碳原子，其分子式为 $C_{12}H_{22}O_{11}$。

disulfide bond 二硫键

释义 一种化学键，是 2 个—SH 基被氧化而形成的—S—S—形式的硫原子间的键。在蛋白质的三级(tertiary structure)和四级(quaternary structure)结构的维持中发挥作用。

词根 di 是 2 个的意思,sulfide 是硫的意思,bond 是键的意思,disulfide bond 即为二硫键的意思。

例句 Disulfide bonds play an important role in the folding and stability of some proteins. 二硫键在一些蛋白质的折叠和稳定性上起到重要作用。

enzyme ['ɛnzaɪm] *n* 酶

释义 一类具有催化作用的生物分子的总称,一般为蛋白质(protein)分子,能够降低反应的活化能(activation energy)从而加快化学反应的速度,但是在反应后其自身保持不变,可以被循环利用。

词根 源于希腊语 enzumos,*en* 是内部的意思,zumē 是发酵的意思,enzyme 在生物化学中是酶的意思。

例句 Enzymes are known to catalyze more than 5 000 biochemical reaction types. 已知酶能催化超过 5 000 种生化反应类型。

fat [fæt] *n* 脂肪

释义 一类化学物质,属于脂类(lipid)的一种,常温下是固体的称为脂肪。结构上,由甘油(glycerol)和脂肪酸(fatty acid)构成。

词根 源于古英语的 fætt,是多油的、肥胖的意思,fat 在生物学中是脂肪的意思。

例句 Fats are broken down in the healthy body to release their constituents, glycerol and fatty acids. 脂肪在身体内会分解以释放甘油和脂肪酸。

fructose ['frʌktous] *n* 果糖

释义 一种六碳单糖(monosaccharide),是葡萄糖(glucose)的同分异构体(isomer),可与葡萄糖反应生成双糖(disaccharide)——蔗糖(sucrose)。*D*-果糖是最甜的单糖。

词根 fruct 表示水果的意思,ose 表示糖,fructose 即为果糖的意思。

例句 Commercially, fructose is frequently derived from sugar cane, sugar beets and corn. 在商业上,果糖通常从甘蔗、甜菜和玉米中提取。

galactose [gə'læktous] *n* 半乳糖

释义 一种六碳单糖(monosaccharide),是葡萄糖(glucose)的同分异构体(isomer),可与葡萄糖反应生成乳糖(lactose)。

词根 galactos 是乳的意思,ose 是糖的意思,galactose 即为半乳糖的意思。

例句 When galactose is combined with glucose, through a condensation reaction, the result is the disaccharide lactose. 当半乳糖和葡萄糖通过脱水缩合反应之后,会生成二糖——乳糖。

glucose ['glukoʊs] *n* 葡萄糖

释义 一种六碳单糖(monosaccharide),是生物体内最重要的单糖,是细胞的主要能量底物,一般通过植物的光合作用(photosynthesis)产生。

词根 glucos 是糖浆的意思,ose 是糖的意思,glucose 即为葡萄糖的意思。

例句 Glucose circulates in the blood of animals as blood sugar. 葡萄糖在动物的血液中作为血糖进行循环。

glycerol ['glɪsəˌroʊl] *n* 甘油

释义 一种化学物质,也称之为丙三醇,含有 3 个碳和 3 个羟基(hydroxyl)。是甘油三酯(triglyceride)的骨架成分。

词根 是由 glycerine 和 ol 合成的,glycerine 是甘油的意思,ol 是醇的意思,glycerol 即为甘油或丙三醇的意思。

例句 Glycerol is generally obtained from plant and animal sources where it occurs as triglycerides. 甘油通常从植物和动物的甘油三酯中获取而来。

glycogen ['glaɪkoʊdʒən] *n* 糖原

释义 一种多糖(polysaccharide),位于动物体内,其主要作用是储存能量。其分子结构和支链淀粉(amylopectin)类似。

词根 glyco 是糖的意思,gen 是原的意思,glycogen 即为糖原的意思。

例句 Glycogen has a structure similar to amylopectin, but is more extensively branched and compact than starch. 糖原的结构和直链淀粉类似,但是比淀粉更紧实,含有更多的支链。

guanine ['gwɑnin] *n* 鸟嘌呤

释义 一种化学物质,构成核酸结构的重要成分,常与胞嘧啶(cytosine)进行配对。

词根 是由 guano 和-ine 合成的词,guano 是鸟粪的意思,-ine 是嘌呤的意思,guanine 即为鸟嘌呤的意思。

例句 Guanine, along with adenine and cytosine, is present in both DNA and RNA, whereas thymine is usually seen only in DNA, and uracil only in RNA. 鸟嘌呤、腺嘌呤、胞嘧啶都存在于 DNA 和 RNA 中,但是胸腺嘧啶通常只存在于 DNA 中,而尿嘧啶只存在于 RNA 中。

hemoglobin ['himəˌglobɪn] *n* 血红蛋白

释义 一种蛋白质(protein),在红细胞(red cell)内,其主要作用是运输氧气,也可以和二氧化碳(carbon dioxide)、一氧化碳(carbon monoxide)等其他分子相结合。血红蛋白内有铁原子,用于结合氧。

词根 hemo 是血的意思，globin 是球形蛋白的意思，hemoglobin 即为血的球形蛋白，因为呈现红色，称之为血红蛋白。

例句 Hemoglobin is involved in the transport of other gases besides oxygen gas. 血红蛋白除了运送氧气外，还可以运送其他气体。

hydrolysis [haɪˈdrɑlɪsɪs] *n* 水解

释义 一种化学反应类型。化合物和水反应，将水分解成氧和氢氧根(hydroxyl)，然后生成 2 个新的化合物的过程。

词根 hydro 表示水的意思，lysis 是分解的意思，hydrolysis 即为水解的意思。

例句 Usually hydrolysis is a chemical process in which a molecule of water is added to a substance. 通常，水解是一种化学反应，将水分子加在某个物质上进行分解的过程。

hydrogen [ˈhaɪdrədʒən] *n* 氢

释义 一种化学元素，位于元素周期表的第一位。在很多生物的大分子中都存在。

词根 hydro 是水的意思，gen 是基的意思，hydrogen 即为氢的意思。

例句 Hydrogen gas reacts with every oxidizing element. 氢气可以和每一个氧化性元素进行反应。

hydrophilic [ˌhaɪdrəˈfɪlɪk] *adj* 亲水的

释义 分子一般为极性，溶于水。

词根 hydro 是水的意思，phil 是喜爱的意思，hydrophilic 即为喜水的、亲水的意思。

例句 In some cases, both hydrophilic and hydrophobic properties occur in a single molecule. 在一些情况下，在同一个分子中可以同时发生亲水和疏水的特性。

hydrophobic [ˌhaɪdrəˈfoʊbɪk] *adj* 疏水的

释义 分子一般为非极性，不溶于水，溶于部分有机溶剂。

词根 hydro 是水的意思，phobic 是害怕的、恐惧的意思，hydrophobic 即为疏水的意思。

例句 Hydrophilic molecules can be contrasted with hydrophobic molecules. 亲水分子通常和疏水分子是相反的。

hydroxyl [haɪˈdrɒksɪl] *n* 羟基

释义 一种化学基团。也称之为氢氧根，由 1 个氢、1 个氧构成。

词根 hydro 表示氢的意思，oxyl 表示氧基的意思，hydroxyl 即为氢氧基的意思，也翻译为羟基。

例句 The hydroxyl group appears throughout organic chemical structure and biochemical structure. 羟基基团在很多有机化学机构和生化结构中都存在。

inhibitor [ɪnˈhɪbɪtɚ] *n* 抑制剂

释义 通常指酶(enzyme)的抑制剂。可以和酶的某个部位结合,从而降低酶和底物的结合,降低酶促反应的速度,根据结合特性,分为竞争性抑制剂和非竞争性抑制剂。

词根 in 是进入的意思,hibit 是控制的意思,inhibit 即为阻止、抑制的意思,inhibitor 为抑制物、抑制剂的意思。

例句 Enzyme inhibitor is a substance that binds to an enzyme and decreases the enzyme's activity. 酶的抑制剂是一种可以和酶相结合的物质,并且可以降低酶的活性。

ionic bond 离子键

释义 一种化学键,指相反电荷离子之间的相互作用。在蛋白质(protein)结构中,参与三级和四级结构的维持。

词根 ionic 是离子的意思,bond 是键的意思,ionic bond 即为离子键的意思。

例句 Ionic bond is a type of chemical bond that involves the electrostatic attraction between oppositely charged ions. 离子键是一种化学键,是相反电荷粒子之间的静电吸引力。

isomer [ˈaɪsəmɚ] *n* 异构体

释义 具有相同的化学式,但是原子排列并不相同的化合物,称之为异构体。

词根 iso 是等、同的意思,mer 是份的意思,isomer 也被称为同分异构体或简称为异构体。

例句 Isomers contain the same number of atoms of each element, but have different arrangements of their atoms. 异构体在每个元素原子的数量上是相同的,但是在原子的排列上是不同的。

lactose [ˈlæktous] *n* 乳糖

释义 一种二糖(disaccharide),由葡萄糖(glucose)和半乳糖(galactose)脱水缩合后生成,是牛奶中最丰富的糖类,可以提供生长所需的能量。

词根 lact 是乳的意思,ose 是糖的意思,lactose 即为乳糖的意思。

例句 Lactose is a disaccharide composed of galactose and glucose that is found in milk. 乳糖在牛奶中存在,是一种双糖,由半乳糖和葡萄糖组成。

lipid [ˈlɪpɪd] *n* 脂类

释义 一类化学物质,由脂肪酸(fatty acid)和醇作用生成,不溶于水,溶于部分有机溶剂。在生物体内,可以用作储存能量、保持体温等。

词根 源于法语 *lipide*,是脂肪、脂类的意思。

例句 The main biological functions of lipids include storing energy, signaling, and acting as structural components of cell membranes. 脂类的主要生物学功能包括储存能量、传递

信号、作为细胞膜的结构成分等。

maltose ['mɔltoʊz] *n* 麦芽糖

释义 一种二糖(disaccharide),由 2 分子的葡萄糖(glucose)脱水缩合后生成。淀粉(starch)在淀粉酶的作用下水解也会生成麦芽糖。

词根 malt 是麦芽的意思,ose 是糖的意思,maltose 即为麦芽糖的意思。

例句 Maltose is the disaccharide produced when amylase breaks down starch. 麦芽糖是双糖,由淀粉酶分解淀粉而产生。

molecule ['mɑlɪkjul] *n* 分子

释义 构成物质的基本离子,由原子通过不同的化学键组合而成。生物学中常说到的大分子包括碳水化合物(carbohydrate)、蛋白质(protein)、脂类(lipid)和核酸(nucleic acid)等。

词根 源于拉丁语 *molecula*,是分子的意思。

例句 Molecules are distinguished from ions by their lack of electrical charge. 分子和离子的不同在于它们缺少电位。

monosaccharide [ˌmɒnə'sækəraɪd] *n* 单糖

释义 属于碳水化合物(carbohydrate),其分子式为 $C_n(H_2O)_n$,即碳原子数和水分子数是相同的,按照碳原子数的不同分成不同的单糖,例如 5 个碳原子为戊糖(pentose),包括核糖(ribose)等;6 个碳原子为己糖(hexose),包括葡萄糖(glucose)等。

词根 mono 表示单、一个的意思,saccharide 是糖的意思,monosaccharide 即为单糖的意思。

例句 Monosaccharides are fundamental units of carbohydrates and cannot be further hydrolysed to simpler compounds. 单糖是碳水化合物的基本单位,它们无法再被水解成更简单的化合物。

nitrogen ['naɪtrədʒən] *n* 氮

释义 一种化学元素,位于元素周期表第 7 位,是生物体中很多大分子的重要组成元素,例如蛋白质(protein)、核酸(nucleic acid)等。

词根 nitro 是硝基的意思,nitrogen 在生化学中是氮的意思。

例句 Nitrogen occurs in all organisms, primarily in amino acids (and thus proteins), in the nucleic acids (DNA and RNA) and in the energy transfer molecule adenosine triphosphate. 氮在所有有机体中都存在,主要存在形式为氨基酸(蛋白质)、核酸(DNA 和 RNA),以及能量转化分子 ATP。

nucleic acid 核酸

释义 有机体内重要的化学物质,由核苷酸(nucleotide)构成,包括 DNA 和 RNA。在蛋白质(protein)的合成和遗传上发挥着重要的作用。

词根 nucleic 是核的意思，acid 是酸的意思，nucleic acid 即为核酸的意思。

例句 Nucleic acids, which include DNA (deoxyribonucleic acid) and RNA (ribonucleic acid), are made from monomers known as nucleotides. 核酸，包括 DNA 和 RNA，都是利用核苷酸来制造形成。

nucleotide [ˈnjuklɪɪˌtaɪd] *n* 核苷酸

释义 组成核酸(nucleic acid)的基本结构单位，由 1 个核糖(ribose)、1 个磷酸基团和 1 个含氮碱基(nitrogenous base)构成。有些单核苷酸也有其他生物学功能，例如三磷酸腺苷，即 ATP，与能量代谢相关。

词根 nucle 是核的意思，nucleotide 是核苷酸的意思。

例句 Nucleotides participate in cell signaling, and are incorporated into important cofactors of enzymatic reactions. 核苷酸参与了信号通路，在酶促反应中作为重要的辅助因子发挥作用。

oxygen [ˈɑksɪdʒən] *n* 氧

释义 一种化学元素，位于元素周期表第 8 位。在生物体内发挥非常重要的作用。

词根 源于法语 *oxygène*，是氧、氧气的意思。

例句 Oxygen is used in cellular respiration and many major classes of organic molecules containing oxygen, such as proteins, nucleic acids, carbohydrates and fats. 氧在细胞呼吸中使用，也在很多含氧的有机分子中存在，例如蛋白质、核酸、碳水化合物和脂肪。

ribonucleic acid 核糖核酸(RNA)

释义 一般为单链，其核苷酸(nucleotide)的核糖(ribose)部分，没有脱氧。跟 DNA 相比较，没有 T 碱基，以 U 碱基和 A 配对。RNA 在蛋白质(protein)合成过程中起着重要作用——其中转运核糖核酸，简称 tRNA，起着携带和转移氨基酸(amino acid)的作用；信使核糖核酸，简称 mRNA，是合成蛋白质的模板；核糖体(ribose)的核糖核酸，简称 rRNA，是细胞合成蛋白质的主要场所。

词根 ribo 代表核糖的意思，nucleic acid 是核酸的意思，ribonucleic acid 即为核糖核酸的意思。

例句 Some RNA molecules play an active role within cells by catalyzing biological reactions or controlling gene expression. 一些 RNA 分子在催化生物反应或者控制基因表达上发挥着积极的作用。

phosphate [ˈfɑsfeɪt] *n* 磷酸盐

释义 即磷酸的盐类物质。

词根 源于法语 phosphore，phosphate 在生物化学中是磷酸盐的意思。

例句 Adding and removing phosphates from proteins in all cells is a pivotal strategy in the regulation of metabolic processes. 从在所有的细胞上蛋白质分子上添加或者移除磷酸分子是代谢反应调节的关键策略。

phospholipid [fɒsfə'lɪpɪd] *n* 磷脂

释义 一种化学分子，是构成细胞膜(cell membrane)的基本分子，其化学结构为 1 个甘油(glycerol)分子连接 2 条脂肪酸(fatty acid)和 1 个磷酸基团构成，构成 1 头 2 尾结构。头部为磷酸基团，为亲水(hydrophilic)的部分；尾部为脂肪酸分子，为疏水(hydrophobic)的部分。

词根 phospho 表示磷酸的意思，lipid 是脂类的意思，phospholipid 即为磷脂的意思。

例句 Phospholipids are a class of lipids which is a major component of all cell membranes. 磷脂是一种脂类，在所有的细胞膜中是主要的组分。

polypeptide [ˌpɒlɪ'pepˌtaɪd] *n* 多肽

释义 氨基酸(amino acid)以肽键(peptide bond)连接在一起的化合物。2 个氨基酸脱水缩合称之为二肽，多个氨基酸脱水缩合称之为多肽。

词根 poly 表示多的意思，peptide 为肽的意思，polypeptide 即为多肽的意思。

例句 A polypeptide is a long, continuous and unbranched peptide chain. 多肽是一条长的、连续的、不分支的肽链。

protein ['proʊtiːn] *n* 蛋白质

释义 生物体中非常重要的生物大分子，由氨基酸(amino acid)相互连接构成，一般具有三级或者四级结构，可以发挥不同的生物学作用：酶(enzyme)、运输蛋白、结构蛋白、受体(receptor)、抗体(antibody)等。

词根 源于法语 protéine，是蛋白质的意思。

例句 Like other biological macromolecules such as polysaccharides and nucleic acids, proteins are essential parts of organisms and participate in virtually every process within cells. 和其他的生物大分子，例如多糖和核酸相似，蛋白质是有机体必需的分子，参与了细胞内每个重要的过程。

ribose ['raɪboʊs] *n* 核糖

释义 一种五碳的单糖(monosaccharide)，是构成核苷酸(nucleotide)的基本结构单位，尤其是组成 RNA 的组成物之一。其第 2 位碳原子脱去 1 个氧原子，即构成脱氧核糖。

词根 ribo 是核糖的意思，ose 是糖的意思，ribose 即为核糖的意思。

例句 In biology, *D*-ribose must be phosphorylated by the cell before it can be used. 在生

物中，*D*-核糖在被使用前一定会先被磷酸化。

saturated [ˈsætʃəˌretɪd] *n* 饱和的

释义 通常用来形容脂肪酸(fatty acid)。表示脂肪酸的碳原子之间的连接都是单键，没有双键等不饱和键。

词根 源于拉丁语 saturat，是填满的意思，生物化学中是饱和的意思。

例句 Fats, which can be either saturated or unsaturated, depend on whether the constituent fatty acids contain carbon-carbon double bonds. 脂肪是饱和的还是不饱和的，取决于构成它们的脂肪酸链中是否含有碳双键。

starch [stɑrtʃ] *n* 淀粉

释义 一种生物大分子。由多个葡萄糖(glucose)分子脱水缩合连接而成，水解后形成麦芽糖(maltose)，是碳水化合物(carbohydrate)最普遍的储存方式，分为支链淀粉(amylopectin)和直链淀粉(amylose)。

词根 源于古英语，后在生物学中用来指代淀粉。

例句 Pure starch is a white, tasteless and odorless powder that is insoluble in cold water or alcohol. 纯的淀粉是白色、无味的粉末物质，不溶于冷水或者酒精。

steroid [ˈstɪrˌɔɪd] *n* 类固醇

释义 一类化学物质。在生物体中，稳定细胞结构或者作为激素(hormone)传导信号发挥作用，例如性激素(sex hormone)即为类固醇类物质。

词根 是 sterol 和-oid 的合成词，sterol 是固醇的意思，oid 是像、类似的意思，steroid 即为类固醇的意思。

例句 Steroids have two principal biological functions: certain steroids are important components of cell membranes which alter membrane fluidity, and many steroids are signaling molecules which activate steroid hormone receptors. 类固醇有 2 个主要的功能：某些类固醇是细胞膜的重要组成部分，可以改变细胞膜的流动性，还有很多类固醇传递信号，以激活类固醇激素的受体。

substrate [ˈsʌbˌstret] *n* 底物

释义 这里特指和酶(enzyme)结合的物质。和酶结合后，底物开始化学反应，以生成新的化学物质。

词根 sub 是下面、底部的意思，substrate 在生物化学中是酶作用物、底物的意思。

例句 The substrate bonds with the enzyme active site, and an enzyme-substrate complex is formed. 底物和酶的活性位点结合，生成了酶—底物复合物。

sucrose [ˈsukrous] *n* 蔗糖

释义 一种二糖(disaccharide)。由葡萄糖(glucose)和果糖(fructose)脱水反应而生成,是植物储存和运输糖分的主要形式。

词根 sucr 是蔗糖的意思,ose 是糖的意思,sucrose 即为蔗糖的意思。

例句 Sucrose is often extracted and refined from either cane or beet sugar for human consumption. 蔗糖经常从甘蔗或者甜菜中提纯以供人类使用。

thymine ['θaɪmin] *n* 胸腺嘧啶

释义 一种化学物质,在核酸(nucleic acid)的结构中发挥重要作用,只存在 DNA 中,与腺嘌呤(adenine)进行配对。

词根 是由 thymus 和 ine 合成的,thymus 是胸腺的意思,ine 是嘧啶的意思,thymine 即为胸腺嘧啶的意思。

例句 In RNA, thymine is replaced by the nucleobase uracil. 在 RNA 分子中,胸腺嘧啶被尿嘧啶所替代。

uracil ['jʊrəsəl] *n* 尿嘧啶

释义 一种化学物质,在核酸(nucleic acid)的结构中发挥重要作用,只存在 RNA 中,与腺嘌呤(adenine)进行配对。

词根 是由 urea、acetic 和 il 合成的词,urea 是尿的意思,acetic 是乙酸的意思,il 是嘧啶的意思,uracil 即为尿嘧啶的意思。

例句 In RNA, uracil basepairs with adenine and replaces thymine during DNA transcription. 在 DNA 转录中,RNA 分子的尿嘧啶替代了胸腺嘧啶,和鸟嘌呤配对。

(63 words)

Chapter 3 Cell Transport

第三章 细胞运输

amphipathic [æmfɪ'pəθɪk] *adj* 两性分子的

释义 两性分子指的是分子(molecule)的一种特性,该分子同时具有亲水(hydrophilic)和疏水(hydrophobic)的特性,例如磷脂(phospholipid)分子。

词根 amphi 是 2 个的意思,源于希腊语。例如,amphibian 为两栖的意思。pathic 是经验、经历的意思,amphipathic 即为两性分子(同时具有亲水和疏水 2 种属性的分子)。

例句 Phospholipids are amphipathic molecules. 磷脂分子是两性分子。

bulk flow 集流

释义 大量分子由于压力差的存在而集体运动的现象,是长距离运输的主要方式,例如在木质部(xylem)中运输水分。

词根 bulk 是大的容积、体积,大数量的意思,flow 是流动的意思,bulk flow 即为集流的意思。

例句 Bulk flow is always from source to sink. 集流一般都是从"源"到"库"。

countercurrent exchange 逆流交换

释义 在恒温动物的体内,在寒冷环境中,流经四肢端的冷的静脉(vein)血和热的动脉(artery)血发生热交换,用以保存热量维持温度的现象。

词根 counter 是逆向的意思,current 是水流、电流的意思,所以 countercurrent 是逆流的意思,exchange 是交换的意思,countercurrent exchange 即为逆流交换的意思。

例句 Countercurrent exchange is a highly efficient, naturally occurring phenomenon of thermal or chemical transfer between fluid bodies. 逆流交换是一种高效的、自然发生的流体之间的热或化学物质转移的现象。

desmosome ['dezməsoʊm] *n* 桥粒

释义 细胞连接(cell junction)的一种,在动物细胞中广泛存在。

词根 desmo 是韧带或者连接物的意思,some 是体的意思,意为可用来进行连接的物体,中文译为桥粒。

例句 Desmosomes are found in many tissues. 在很多组织中都可以发现桥粒。

diffusion [dɪ'fjuʒən] *n* 扩散

释义 一种运输方式。其特点为：分子(molecule)自发从高浓度(concentration)区域运动至低浓度区域，不需要能量。一般来说，有 2 种方式，一种为简单扩散(simple diffusion)，另一种为易化扩散(facilitated diffusion)。异化扩散相对于简单扩散而言，需要蛋白质通道(protein channel)。

词根 diffuse 是扩散的意思，为动词。ion 表示其名词形式。

例句 There are two types of diffusion: simple and facilitated. 扩散有 2 种类型，一种是简单扩散，一种是易化扩散。

endocytosis [ˌendousaɪ'tousɪs] *n* 胞吞作用

释义 细胞运输大分子的一种方式。大分子物质穿过细胞膜(cell membrane)进入细胞的过程。分为胞饮作用(pinocytosis)和吞噬作用(phagocytosis)。胞饮作用表示运输液体分子，吞噬作用用来运输固体分子。

词根 endo 是内的意思，cyto 是细胞的意思，sis 表示为名词形式。endocytosis 即为胞吞作用。

例句 Receptor-mediated endocytosis enables a cell to take up large quantities of very specific substances. 受体介导的胞吞作用可以帮助细胞摄取大量的物质。

epithelium [ˌepə'θiːlɪrm] *n* 上皮细胞

释义 位于管腔表面或者皮肤(skin)上的细胞。

词根 epi 是上面的意思，thelium 是乳头的意思，epithelium 指的是上皮细胞，其复数形式为 epithelia。

例句 Tight junctions are belt around the epithelial cells that line organs and serve as a barrier to prevent leakage into or out of those organs. 紧密连接是上皮细胞周边的带状物，可作为一个屏障，阻止器官中的物质流进或流出。

exocytosis [ˌeksousaɪ'tousɪs] *n* 胞吐作用

释义 细胞运输大分子的一种方式，将大分子运出细胞外的方式。

词根 exo 是外的意思，cyto 是细胞的意思，sis 表示作用，exocytosis 即为细胞吐出的意思，即胞吐作用。

例句 Exocytosis in nerve cells occurs as vesicles release neurotransmitters into a synapse. 神经细胞中的胞吐作用发生在神经细胞分泌一些小泡，小泡中释放神经递质到突触中去。

gap junction 间隙连接

释义 细胞的一种连接方式。几乎存在于所有的动物细胞中。被连接的 2 个细胞中存在微小缝隙，由跨膜蛋白(protein)进行连接，允许小分子物质从一个细胞运送到另一个细胞中。

词根 gap 是缝隙的意思，junction 表示连接，gap junction 即为间隙连接的意思。

例句 Gap junctions permit the passage of materials directly from the cytoplasm of one cell to the cytoplasm of an adjacent cell. 间隙连接可以使一个细胞中的物质从其细胞质中直接运输到相邻的细胞中。

hypertonic [ˌhaɪpəˈtɒnɪk] *adj* 高渗的

释义 高渗指的是，其溶液(solution)中溶质(solute)的浓度比其他溶液要高，相对来说，其水势(water potential)要低。

词根 hyper 是多、超过的意思，tonic 是伸展、渗透的意思，hypertonic 即为高渗的意思。

例句 Hypertonic solution has greater concentration of solute than that of another solution. 高渗溶液具有相对高的溶质浓度。

hypotonic [ˌhaɪpəˈtɒnɪk] *adj* 低渗的

释义 低渗指的是，其溶液(solution)中溶质(solute)的浓度比其他溶液要低，相对来说，其水势(water potential)要高。

词根 hypo 是下面的意思，tonic 是伸展、渗透的意思，hypotonic 即为低渗的意思。

例句 Hypotonic solution has less concentration of solute than that of another solution. 低渗溶液具有相对低的溶质浓度。

isotonic [ˌaɪsoʊtɑːnɪk] *adj* 等渗的

释义 等渗指的是，其溶液(solution)中溶质(solute)的浓度和其他溶液一样，因此，其水势(water potential)也一样大。

词根 iso 是相等的意思，tonic 是伸展、渗透的意思，isotonic 即为等渗的意思。

例句 Two solutions are isotonic when they contain equal concentration of solutes. 当两个溶液它们的溶质浓度相等时，它们就是等渗的。

ligand [ˈlɪgənd] *n* 配体

释义 能够和特定蛋白质(protein)结合的任何分子都可以称之为配体。

词根 在拉丁语中 ligandus 是可以结合体的意思，ligand 即为配体的意思。

例句 Ligand is a small molecule that binds to a protein and changes its function. 配体是一种小分子，可以结合蛋白质而改变其功能。

osmosis [ɑːzˈmoʊsɪs] *n* 渗透作用

释义 渗透作用指的是溶剂(solvent)通过半透膜(partially permeable membrane)从低浓度溶液(solution)流向高浓度溶液的运动，一般特指水的运动。当不同浓度的溶液通过半透膜隔开后，其溶质(solute)分子不能运动，只能由水透过膜发生运动。因此，高浓度的溶液水的运动趋势要低，低浓度溶液水的运动趋势要高。这种运动趋势，我们称之为水势（water potential）。因此，可以这么理解，渗透作用就是指，在半透膜存在的情况下，水从高水势流向低水势的运动。

词根 osmo 是渗透的意思，sis 表示作用的意思，osmosis 即为渗透作用的意思。

例句 Osmosis is a vital process in biological systems, as biological membranes are semi-permeable. 渗透作用在生物系统中是非常重要的，因为生物膜都是半透膜。

pinocytosis [ˌpaɪnəsɪˈtoʊsɪs] *n* 胞饮作用

释义 属于胞吞作用（endocytosis）的一种，穿过细胞膜（cell membrane）进入细胞内部的为溶解的分子或者液体分子，即为胞饮作用。

词根 pino 来自于希腊语，表示 drink，即饮入的意思。cyto 是细胞的意思，sis 表示作用。pinocytosis 表示胞饮作用，即细胞摄入液体分子。

例句 Pinocytosis is the uptake of large, dissolved particles. 胞饮作用可以摄取可溶性大分子。

plasmodesma [ˌplæzməˈdezmə] *n* 胞间连丝

释义 植物细胞特有的细胞连接方式。相邻的两个植物细胞之间通过胞间连丝可将其原生质体（protoplast）相互连接，便于细胞通讯和物质交换等。

词根 plasmo 是细胞质、细胞浆的意思，desma 源自希腊语，是连接的意思，plasmodesma 是胞间连丝的意思，其复数为 plasmodesmata。

例句 Plasmodesmata connect one plant cell to the next. 胞间连丝将一个植物细胞和下一个植物细胞连接起来。

plasmolysis [plæzˈmɒləsɪs] *n* 质壁分离

释义 当植物细胞放置在溶液（solution）中，其溶液的水势（water potential）低于植物细胞内的水势时，细胞内的水分子会向溶液中运动，导致细胞收缩。由于细胞壁（cell wall）很坚硬，一般不会发生收缩，导致细胞壁内的原生质体（protoplast）发生收缩，和细胞壁发生分离的现象。最经典的质壁分离试验，可用紫色洋葱（onion）表皮细胞进行。

词根 plasmo 表示浆或者基质的意思，lysis 是分离的意思，plasmolysis 即原浆分离，因为细胞质是和细胞壁分离的，因此译为质壁分离。

例句 Plasmolysis is the contraction of the protoplasm in a living cell when water is removed by exosmosis. 质壁分离指的是，在活的细胞中，由于水分的外渗，原生质体发生收缩的现象。

phagocytosis [ˌfægəsaɪˈtoʊsɪs] *n* 吞噬作用

释义 细胞从外周环境摄取固体物质的行为。类似于胞饮作用（pinocytosis）。在低等生物中，吞噬作用能帮助细胞摄食，而在高等生物中，更多起到保护细胞的作用。

词根 phage 是噬菌体的意思，cyto 是细胞的意思，sis 表示作用，phagocytosis 即为吞噬作用的意思。

例句 Phagocytosis is the engulfing of large particles or small cells by pseudopods. 吞噬作用可通过伪足将小的细胞或者大的分子吞入细胞内。

sodium-potassium pump 钠钾泵

释义 一种蛋白质(protein)分子。用于钠(sodium)离子和钾(potassium)离子之间的运输。通常在主动运输(active transport)中发挥作用，每消耗 1 个 ATP 分子，能泵出 3 个钠离子，泵入 2 个钾离子。

词根 sodium 是钠的意思，potassium 是钾的意思，pump 是泵的意思，sodium-potassium pump 即为钠钾泵的意思。

例句 The sodium-potassium pump that pumps Na^+ and K^+ ions across a nerve cell membrane can return the nerve to its resting state. 钠钾泵可在神经细胞膜内外运输钠离子和钾离子，以帮助神经回到其静息状态。

tight junction 紧密连接

释义 细胞连接(cell junction)方式的一种。相邻细胞连接得非常紧密，形成液体无法通过的屏障。

词根 tight 是紧密的意思，junction 是连接的意思。tight junction 即为紧密连接的意思。

例句 In the urinary bladder, tight junction prevents the urine from leaking out of the bladder into the surrounding body cavity. 在膀胱中，紧密连接能够阻止尿液从膀胱中渗出进入到体腔。

water potential 水势

释义 溶液(solution)中水进行移动的趋势。一般定义纯水的水势为 0。在一个溶液中，其溶质(solute)浓度越高，其水势就越低，为负值。如果给溶液增加压力的话，水势会升高。

词根 water 即为水的意思，potential 是趋势的意思，water potential 即为水势的意思。

例句 Water potential results from two factors: solute concentration and pressure. 水势取决于 2 个因素：溶质浓度和压力。

(21 words)

Chapter 4 Cell Division

第四章 细胞分裂

anaphase ['ænəˌfez] *n* 后期

释义 细胞分裂(cell division)的一个阶段。在有丝分裂(mitosis)的后期,染色体(chromosome)的姐妹染色单体(sister chromatids)完全分开;在减数分裂(meiosis)的后期,同源染色体(homologous chromosomes)完全分开。

词根 ana 是向后的意思,phase 是时期的意思,anaphase 即为后期的意思。

例句 During anaphase of mitosis, chromatids move to opposite poles, centromeres first, pulled by the microtubules. 在有丝分裂的后期,染色单体移动到相反的两极,着丝粒被微管拉着先移动。

bivalent [baɪ'veɪlənt] *n* 二价体

释义 在第一次减数分裂(meiosis)的前期(prophase),同源染色体(homologous chromosomes)会发生联会(synapsis),联会后的这一对同源染色体,称之为二价体。

词根 bi 是二的意思。valent 表示价的意思,所以 bivalent 即为二价体的意思。

例句 During metaphase, bivalents line up across equator of spindle, attached by centromeres. 在中期,二价体由着丝粒连接沿着纺锤体的赤道板排列。

cancer ['kænsɚ] *n* 癌症,肿瘤

释义 癌症是由于细胞的有丝分裂(mitosis)不受控制而生成的。一般可分为良性的和恶性的。良性的表现为,肿瘤没有扩散;恶性表现为癌症细胞随血液(blood)扩散到其他组织或器官。

词根 无

例句 Although prostate cancer is the most common form of cancer in men, lung cancer causes more deaths. 虽然前列腺癌在男性中的比率最高,但是肺癌的致死人数更多。

centromere ['sentrəˌmɪr] *n* 着丝粒

释义 染色体(chromosome)在进行细胞分裂(cell division)时,染色体上形成的高度浓缩的、连接姐妹染色单体(sister chromatids)的一种装置。

词根 centro 是中心的意思,mere 是部分的意思,centromere 即为着丝粒的意思。

例句 Centromere holds the two chromatids together. 着丝粒将 2 个染色单体连接在一起。

centrosome [ˈsentrəˌsoʊm] *n* 中心体

释义 1个中心体由2个中心粒(centriole)构成,呈垂直排列分布。与有丝分裂(mitosis)相关。需要注意的是,很多植物细胞都不含有中心体。

词根 centro 表示中心的意思,some 是体的意思,所以 centrosome 即为中心体的意思。

例句 Centrosomes help to organize production of the spindle microtubules. 中心体帮助纺锤丝微管的生成。

chiasma [kaɪˈæzmə] *n* 交叉

释义 在减数分裂(meiosis)的前期(prophase),同源染色体(homologous chromosomes)的单体发生等位基因(allele)交换的位点。

词根 其复数形式为 chiasmata。

例句 Chiasma is the point where crossing over occurs. 交叉是等位基因发生互换的位点。

crossing over 互换

释义 在减数分裂(meiosis)的时候,同源染色体(homologous chromosomes)的染色单体(chromatids)之间进行交叉时遗传物质互换的现象。

词根 crossing over 在遗传学中是互换的意思。

例句 Crossing over can increase the genetic variation. 互换能够增加基因的多样性。

cytokinesis [ˌsaɪtoʊkɪˈnisɪs] *n* 胞质分裂

释义 在细胞分裂(cell division)过程中,细胞核(nucleus)分裂完成后,细胞质(cytoplasm)完成分裂的过程。

词根 cyto 是细胞的意思,cytokine 是细胞活素的意思,sis 是分裂的意思,cytokinesis 即为胞质分裂的意思。

例句 Cytokinesis is the division of the cytoplasm. 胞质分裂就是细胞质的分裂。

diploid [ˈdɪpˌlɔɪd] *n* 二倍体

释义 细胞中含有2个染色体组,称之为二倍体细胞。即在细胞中,每一个染色体(chromosome)都可以找到其相对应的同源染色体(homologous chromosome)。

词根 di 是双的意思,diploid 即为二倍体的意思。

例句 Diploid cell is the one that possesses two complete sets of chromosomes. 二倍体细胞拥有2套完整的染色体组。

equator [ɪˈkwetɚ] *n* 赤道板

释义 有丝分裂(mitosis)的中期,染色体(chromosome)的着丝粒(centromere)都排列在细胞中间的一个平面上,此平面被称之为赤道板。

词根 生物学中 equator 是赤道板的意思。

例句 Chromosomes line up across the equator of the spindle. 染色体沿着纺锤体的赤道板排列。

gamete ['gæmˌiːt] *n* 配子

释义 也称之为生殖细胞(germ cell),为单倍体(haploid),由双倍体(diploid)生殖细胞通过减数分裂(meiosis)形成。

词根 希腊语中 gamos 是婚姻的意思,gametē/gametēs 是配偶的意思,生物学中 gamete 是配子的意思。

例句 Gamete is a haploid cell specialized for fertilization. 配子是分化成的单倍体细胞,用于受精。

haploid ['hæpˌlɔɪd] *n* 单倍体

释义 细胞中只含有1组染色体(chromosome)。一般单倍体细胞为配子细胞(gamete)。在细胞内,每一个染色体都没有其相应的同源(homologous)染色体相对应。

词根 hapl 是单的意思,haploid 即为单倍体的意思。

例句 Haploid cell is the one that possesses one complete set of chromosomes. 单倍体细胞拥有一套完整的染色体组。

homologous chromosomes 同源染色体

释义 一对染色体,其具有同样的大小、形状和基因座,则称之为同源染色体。在双倍体(diploid)细胞中,同源染色体的一个来自于父本(paternal),一个来源于母本(maternal)。

词根 homo 是同的意思,logous 是部分、份额的意思,homologous 是同源的意思。chromo 是颜色的意思,some 是体的意思,chromosome 是染色体的意思。homologous chromosomes 即为同源染色体的意思。

例句 Each member of homologous chromosomes possesses genes controlling the same characteristics. 同源染色体的每一个染色体都具有其基因能够控制相同的性状。

independent assortment 独立分配,自由组合

释义 在减数分裂(meiosis)的过程中,每一对的同源(homologous)染色体,其父源染色体或者母源染色体都是随机分配进入到子细胞中。

词根 in 表示否定,dependent 是依赖的意思,assortment 是分配的意思,independent assortment 即为独立分配的意思。

例句 Independent assortment can increase the genetic variation. 染色体的独立分配增加了基因的多样性。

interphase ['ɪntəˌfeɪz] *n* 间期

释义 细胞周期(cell cycle)的一部分,持续时间最长。在细胞间期,细胞会完成染色体(chromosome)的复制、蛋白质(protein)的合成等活动,为细胞分裂(cell division)做好准备。细胞间期可以分为 G1、S、G2 期。需要注意的是,细胞间期不属于细胞有丝分裂(mitosis)的一个部分。

词根 inter 是中间的意思,phase 是时期的意思,interphase 即为间期的意思。

例句 DNA replication takes place during interphase, the period between cell division and the next nuclear division. DNA 的复制发生在间期,在细胞分裂期和下一次核分裂期之间。

karyogram [ˈkærɪoʊɡræm] *n* 染色体组型

释义 生物体内所有染色体信息的总和。

词根 karyo 是细胞核的意思,gram 是图的意思,karyogram 即为核型图、染色体组型的意思。

例句 Karyotypes describe the chromosome count of an organism and what these chromosomes look like under a light microscope. 染色体组型描述了有机体内染色体的数量以及在光学显微镜下这些染色体的形状。

kinetochore [kaɪˈnetəˌkɔː] *n* 着丝点

释义 着丝粒的两侧各有一个蛋白质(protein)构成的三层的盘状或球状结构,称为着丝点。

词根 kineto 是运动的意思,chore 是地点的意思,kinetochore 是着丝点的意思。

例句 The kinetochore forms in eukaryotes and assembles on the centromere. 着丝点在真核生物中形成,在着丝粒中组装。

meiosis [maɪˈoʊsɪs] *n* 减数分裂

释义 细胞分裂(cell division)的一种类型。其特点是在分裂的时候,同源染色体(homologous chromosomes)会分开,细胞由双倍体(diploid)细胞变成单倍体(haploid)细胞。减数分裂要分裂 2 次,第 1 次的时候,同源染色体分开;第 2 次的时候,姐妹染色单体(sister chromatids)分开。减数分裂在有性生殖(sexual reproduction)中发挥重要作用,可以增加基因的多样性。

词根 meio 是减少的意思,sis 是分裂的意思,meiosis 是减数分裂的意思。

例句 Meiosis is sometimes described as a reduction division, because the number of chromosomes is reduced. 减数分裂有时候也被称之为"reduction division",因为染色体的数量减少了。

metaphase [ˈmetəˌfeɪz] *n* 中期

释义 细胞分裂(cell division)的一个阶段。在有丝分裂(mitosis)的中期,所有的染色体

(chromosome)都排列在赤道板(equator)中间,等待分裂将染色单体(chromatids)分离;在减数分裂(meiosis)的中期,所有的同源染色体(homologous chromosomes)都排列在赤道板中间,等待分裂将同源染色体分离。

词根 meta 是中间的意思,phase 是时期的意思,metaphase 即为中期的意思。

例句 It is the behavior of the chromosomes in metaphase 1 that is particularly important and contrasts with mitosis. 第一次减数分裂中期的染色体的行为尤其重要,并且和有丝分裂截然不同。

mitosis [maɪˈtousɪs] *n* 有丝分裂

释义 细胞分裂(cell division)的一种类型。其特点是在分裂的时候,染色体(chromosome)的姐妹染色单体(sister chromatids)会分开,子细胞仍然是双倍体(diploid)。有丝分裂在无性生殖(asexual reproduction)、细胞修复、细胞更替等活动中具有重要作用。

词根 mito 是线的意思,sis 是分裂的意思,mitosis 即为有丝分裂的意思。

例句 Mitosis has four stages: prophase, metaphase, anaphase and telophase. 有丝分裂有4个阶段:前期、中期、后期和末期。

prophase [ˈprouˌfeɪz] *n* 前期

释义 细胞分裂(cell division)的一个时期。最重要的特点是染色体(chromosome)结构出现,核仁(nucleolus)逐渐解体,核膜(nuclear membrane)开始消失。

词根 pro 是之前的意思,phase 是时期的意思,prophase 即为前期的意思。

例句 During late prophase, nuclear envelope and nucleolus disappear. 在前期的后面阶段,核膜和核仁消失。

spindle [ˈspɪndl] *n* 纺锤体

释义 在细胞分裂(cell division)过程中形成的,中间宽两边窄的纺锤形的细胞结构。纺锤体可帮助染色体(chromosome)的分布和排列。

词根 spin 是纺织的意思,spindle 在生物学中是纺锤体的意思。

例句 Spindle is made from protein microtubule. 纺锤体是由微管蛋白构成的。

spindle fibers 纺锤丝

释义 组成纺锤体的丝状结构的总称,在动物细胞中,纺锤丝由中心体(centrosome)释放,在植物细胞中,纺锤丝由细胞两极发出。

词根 spindle 是纺锤体的意思,fiber 是丝的意思,spindle fibers 即为纺锤丝的意思。

例句 Spindle fibers are aggregates of microtubules that move chromosomes during cell division. 纺锤丝是微管的集合体,在细胞分裂中用来分离染色体。

synapsis [sɪˈnæpsɪs] *n* 联会

释义 在减数分裂(meiosis)的前期(prophase),同源染色体(homologous chromosomes)相互配对的过程,称之为联会。

词根 synapse 是突触的意思,synapsid 是联合的意思,synapsis 是联会的意思。

例句 The process that homologous chromosomes pair up in the prophase is called synapsis. 同源染色体在前期配对的过程称之为联会。

telophase [ˈteləˌfeɪz] *n* 末期

释义 细胞分裂(cell division)的一个阶段。其主要特点是,新的核膜(nuclear membrane)和核仁(nucleolus)开始逐渐形成,纺锤丝(spindle fibres)逐渐消失。1 个细胞最终分裂成 2 个细胞。

词根 telo 是末尾的意思,phase 是时期的意思,telophase 即为末期的意思。

例句 During telophase, chromatids have reached the poles of the spindle. 在末期,染色单体到达纺锤体的两极。

(25 words)

Chapter 5 Cellular Energetics

第五章 细胞能量

acetyl CoA 乙酰辅酶 A

释义 一种化学物质。三大营养物质的彻底氧化都会生成乙酰辅酶 A，以进入三羧酸循环(Krebs cycle)。

词根 acetyl CoA 是 acetyl coenzyme A hydrolase 的缩写，acetyl 是乙酰基的意思，acetyl coenzyme A 是乙酰辅酶 A 的意思，acetyl CoA 是乙酰辅酶 A 的意思。

例句 Fatty acids from fat metabolism may be used to produce acetyl CoA. 脂类代谢的脂肪酸可以被用来产生乙酰辅酶 A。

adenosine triphosphate (ATP) 三磷酸腺苷

释义 三磷酸腺苷，即 ATP，可以理解为能量的货币。在生物体内，能量底物(energy substrate)释放的能量并不能被细胞直接利用，而是用来将 ADP 和磷酸反应生成 ATP，即可以理解为将能量储存在 ATP 分子中，当生物体或者细胞需要利用能量时，再来分解 ATP 分子，释放能量，以供利用。从分子结构上来说，ATP 分子是由 1 个核糖(ribose)分子，结合了 1 个腺嘌呤的基础上，再结合了 3 个磷酸基团，所以称之为三磷酸腺苷。

词根 adenosine 是腺苷的意思，tri 是 3 个的意思，phosphate 是磷酸的意思，adenosine triphosphate 即为三磷酸腺苷的意思。

例句 The cell's energy-yielding reactions are linked to ATP synthesis. 细胞的释放能量的反应和 ATP 的生成相关。

aerobic [eˈroʊbɪk] *adj* 有氧的

释义 通常与 respiration 连用，即为有氧呼吸。平时常说的有氧运动也可用此词。这里指的是细胞呼吸时需要氧气。氧气可以接受电子传递链(electron transport chain)上的电子，最终再和氢离子一起合成生成水，这个过程中，可以释放大量能量。

词根 aero 来源于希腊语，表示空气，这里借指氧气。

例句 Aerobic respiration is the process of cells using oxygen to break down molecules and release energy. 有氧呼吸是细胞利用氧气分解分子，释放能量的过程。

alcohol [ˈælkəhɔːl] *n* 酒精

释义 一种化学物质。生物学中常指微生物无氧呼吸(anaerobic respiration)的产物。

词根 alco 表示乙醇的意思,alcohol 即为乙醇、酒精的意思。

例句 The conversion of glucose to ethanol is called as alcohol fermentation. 葡萄糖转化成乙醇即为酒精发酵。

anaerobic [ˌæneˈroʊbɪk] *adj* 厌氧的

释义 表示生物体或者细胞在进行某种生命活动时不需要氧气。与 respiration 连用,即为无氧呼吸。人体细胞在氧气不足的时候可以进行无氧呼吸(respiration),生成乳酸(lactic acid)。微生物(microorganism)在无氧呼吸时的产物是酒精(alcohol)。

词根 an 是无、反的意思,aerobe 是需氧菌的意思,anaerobe 是厌氧生物的意思,anaerobic 是其形容词形式,即厌氧的意思。

例句 Aerobic respiration releases more energy per glucose molecule than anaerobic respiration. 每个葡萄糖分子在有氧呼吸要时比无氧呼吸释放出更多的能量。

antenna pigment 天线色素

释义 在叶绿体(chloroplast)的光系统中,只有反应中心的色素能够利用光能参与化学反应,其他一些色素,例如类胡萝卜素(carotenoid)等,可以吸收光,并将能量传递给中心色素,这些传递光能的色素称之为天线色素。

词根 antenna 是天线的意思,pigment 是色素的意思,antenna pigment 即为天线色素的意思。

例句 Antenna pigment composition of this bacterium can be changed when grown under different light intensities. 在不同的光强强度下,这种细菌的天线色素的组成会发生变化。

bundle sheath cell 维管束鞘细胞

释义 维管束指的是植物用来运输水的木质部(xylem)和运输养分的韧皮部(phloem)的总称。鞘细胞是指围绕在维管束外的一层细胞。维管束鞘细胞是碳 4 植物进行光合作用(photosynthesis)暗反应的场所。

词根 bundle 是束的意思,sheath 是鞘的意思,cell 是细胞的意思。

例句 The cells that contain RuBP and rubisco are arranged around the vascular bundles, and are called bundle sheath cells. 含有 RuBP 和 rubisco 的细胞在维管束周围排列,它们被称之为维管束鞘细胞。

Calvin cycle 卡尔文循环

释义 碳原子以二氧化碳(carbon dioxide)的形式,通过结合 RuBP 进入循环,最终以糖的形式离开循环,是光合作用(photosynthesis)中固定碳原子的阶段。需要注意的是,通过卡尔文循环制造出来的糖分子并不是葡萄糖(glucose),而是 G3P。

词根 Calvin 是人名,美国生物学家,因其发现 Calvin 循环而获得 1961 年诺贝尔化学奖。

例句 The Calvin cycle is a set of redox readions that occur without light during photosynthesis and carboo fixation. 卡尔文循环是光合作用和固碳过程中发生的不依赖光的一系列氧还反应。

carotenoid [kə'rɒtnɔɪd] *n* 类胡萝卜素

释义 是一类天然色素(pigment)的总称。在叶绿体(chloroplast)中,含有一些黄色、橙色等的色素,都称之为类胡萝卜素。

词根 carota 是胡萝卜的意思,carotene 是胡萝卜素的意思,carotenoid 是类胡萝卜素的意思。

例句 Carotenoids are organic pigments that are found in the chloroplasts. 类胡萝卜素是在叶绿体中发现的有机色素。

chemiosmosis [kiːmiːouz'mousɪs] *n* 化学渗透

释义 在光合作用(photosynthesis)或者呼吸作用(respiration)中,生成 ATP 的一种方式。电子转移链(electron transport chain)传递电子时释放的能量并没有直接用于合成 ATP,而是用来驱动氢离子主动运输出去,然后通过氢离子的跨膜运输来驱动 ATP 酶来合成 ATP 分子。

词根 chemi 是化学的意思,osmosis 是渗透的意思,chemiosmosis 即为化学渗透的意思。

例句 Chemiosmosis theory is used to explain energy transduction in the mitochondrion. 化学渗透学说被用来解释在线粒体中的能量转换。

chlorophyll ['klɔːrəfɪl] *n* 叶绿素

释义 是光合作用(photosynthesis)中的最重要的色素。叶绿素可吸收光能,并在反应中心发生化学反应,光解(photolysis)水,生成氧气、ATP 等。因其可以反射绿光,因此呈现绿色,并称之为叶绿素。

词根 chloro 是绿色的意思,phyll 是叶子的意思,chlorophyll 即为叶绿素的意思。

例句 Chlorophyll is the molecule that absorbs sunlight and uses its energy to synthesize carbohydrates from CO_2 and water. 叶绿素是一种分子,其可以吸收阳光,利用光能来将二氧化碳和水合成为碳水化合物。

citric acid 柠檬酸

释义 一种化学物质,又名枸橼酸。在细胞呼吸(cellular respiration)中,乙酰辅酶 A 和草酰乙酸反应生成柠檬酸,进入三羧酸循环。

词根 citric 是来自柠檬的意思,acid 是酸的意思,citric acid 是柠檬酸的意思。

例句 Citric acid is a weak organic acid. 柠檬酸是一种弱有机酸。

cytochrome ['saɪtəˌkroʊm] *n* 细胞色素

释义 是一类电子传递蛋白质的总称。在电子传递链(electron transport chain)中可传递电子。

词根 cyto 是细胞的意思,chrom 是有颜色的意思,chrome 是色素的意思,cytochrome 即为细胞色素的意思。

例句 Cytochrome b is a protein found in the mitochondria of eukaryotic cells. 细胞色素 b 是在真核细胞的线粒体中发现的一种蛋白质。

dehydrogenase [dɪ'haɪdrədʒəˌneɪs] *n* 脱氢酶

释义 一种酶(enzyme),催化化学分子的氧化还原反应。可以催化 NAD 变成 NADH。

词根 de 是去掉的意思,hydrogen 是氢的意思,ase 表示酶,dehydrogenase 即为脱氢酶的意思。

例句 Alcohol dehydrogenases (ADH) are a group of enzymes that occur in many organisms and facilitate the interconversion between alcohols and aldehyde. 乙醇脱氢酶是一种酶,在很多有机体中存在,能够促进乙醇和乙醛之间的转化。

electron transport chain (ETC) 电子传递链

释义 一系列电子载体的总和,其对电子(electron)的亲和力逐渐升高。电子传递链,通过传递电子,可以释放能量,用来合成 ATP 。电子传递链在线粒体(mitochondrion)和叶绿体(chloroplast)中都存在。

词根 electron 是电子的意思,transport 是传递的意思,chain 是链条的意思,electron transport chain 即为电子传递链的意思。

例句 An electron transport chain (ETC) is a series of compounds that transfer electrons from electron donors to electron acceptors via redox reactions. 电子传递链是一系列的化合物,可以通过氧化反应将电子从电子供体向电子受体转移。

fermentation [ˌfəːmən'teʃən] *n* 发酵

释义 细胞呼吸(cellular respiration)的一种,一般指微生物进行无氧呼吸(anaerobic respiration)的过程。例如,细菌发酵可以产生酒精(alcohol)。

词根 ferment 是发酵的意思,ion 表示名词形式,所以发酵的名词形式为 fermentation。

例句 Fermentation is a widely used process in industry as well as in the production of many foods, beverages and pharmaceuticals. 发酵是在工业中广泛使用的过程,可以用来生产很多食物、饮料和药品。

fixation [fɪk'seʃən] *n* 固定

释义 一种化学反应。指的是将无机物通过化学反应生成有机物的过程。常见的固定反应有固氮(nitrogen fixation)和固碳(carbon fixation)。固氮指将氮气变成铵离子等有机离子的过程,固碳是指将二氧化碳变成碳水化合物(carbohydrate)等有机分子的过程。

词根 fix 是固定的意思,tion 表示名词形式,fixation 即为固定的意思。

例句 Carbon fixation refers to the process by which carbon from the atmosphere is converted into carbon compounds, such as carbohydrates, in plants and algae, usually by photosynthesis. 固碳是指将大气中的碳转化为含碳化合物的过程,例如,可以通过光合作用,在植物和海藻中,制造碳水化合物。

glycolysis [glaɪ'kɒləsɪs] *n* 糖酵解

释义 糖酵解是细胞呼吸(cellular respiration)的第一个阶段。葡萄糖(glucose)分子经过糖酵解后,变成 2 分子的丙酮酸(pyruvic acid)。在这个过程中可以生成 2 分子的 ATP 和 2 分子的 NADH。

词根 glyco 表示糖的意思,lysis 是分解的意思,所以 glycolysis 是糖分解的意思。

例句 Glycolysis produces 4 molecules of ATP and 2 NADH, but uses 2 ATP in the process for a net of 2 ATP and 2 NADH. 糖酵解产生 4 分子的 ATP 和 2 分子的 NADH,但是用掉了 2 分子的 ATP,因此净产生 2 分子的 ATP 和 2 分子的 NADH。

Krebs cycle 克雷布斯循环

释义 又称三羧酸循环(tricarboxylic acid cycle)或柠檬酸(citric acid)循环。乙酰辅酶 A 进入到循环中,最终被氧化成二氧化碳。细胞的有氧呼吸(aerobic respiration)中,每一个分子的乙酰辅酶 A 进入到克雷布斯循环后,产生 2 个 ATP,3 个 NADH 和 1 个 FADH。

词根 Krebs 是人名,英国生物学家。因为发现此循环获得 1953 年诺贝尔生理与医学奖。

例句 The Krebs cycle was discovered in 1937 by Hans Krebs. 克雷布斯循环是 Hans Krebs 在 1937 年发现的。

mesophyll ['mezəfɪl] *n* 叶肉

释义 位于叶片上下表皮之间的细胞,含有大量叶绿体(chloroplast),是进行光合作用(photosynthesis)的主要场所。

词根 meso 是中间的意思,phyll 是叶子的意思,mesophyll 即为叶肉的意思。

例句 Most of the interior of the leaf between the upper and lower layers of epidermis is a parenchyma or chlorenchyma tissue called the mesophyll. 大多数叶片在上下表皮之间的内层是实质组织,称之为叶肉。

oxidative phosphorylation 氧化磷酸化

释义 细胞有氧呼吸(aerobic respiration)过程中生成 ATP 的一种方式。氧化是指氧化能量底物分子中的氢，从而释放能量。磷酸化是指 ADP 分子结合 1 个磷酸分子生成 ATP 分子的过程。因为氧化过程的能量被用来生成 ATP 分子，所以这个过程被称之为氧化磷酸化。

词根 oxidative 是氧化的意思，phosphorylation 是磷酸化的意思，oxidative phosphorylation 即为氧化磷酸化的意思。

例句 Oxidative phosphorylation is the metabolic pathway in which cells use enzymes to oxidize nutrients, thereby releasing energy which is used to reform ATP. 氧化磷酸化是细胞利用酶去氧化营养物质的代谢途径，可以释放能量用来合成 ATP。

photolysis [foʊ'tɒləsɪs] *n* 光解

释义 指在光的作用下将水分子分解为氧气和氢，在植物的叶绿体(chloroplast)中进行。

词根 photo 是光的意思，lysis 是分解的意思，photolysis 即为光分解的意思，译为光解。

例句 The photolysis of water can be demonstrated by the Hill reaction. 水的光解可以被希尔反应来证明。

photophosphorylation [fəʊtəʊfɒsfərɪ'leɪʃən] *n* 光合磷酸化

释义 植物细胞吸收光能将 ADP 磷酸化生成 ATP 的过程。该反应一般在叶绿体(chloroplast)中发生。其机理类似于氧化磷酸化(oxidative phosphorylation)，都可以用化学渗透(chemiosmosis)学说来解释 ATP 的生成。光能被吸收后，激发电子，根据电子是否可以循环，光合磷酸化又分成 2 种类型，一种是循环电子光合磷酸化(cyclic photophosphorylation)，另一种是非循环电子光合磷酸化(non-cyclic photophosphorylation)。

词根 photo 是光的意思，phosphorylation 是磷酸化的意思，photophosphorylation 即为光合磷酸化的意思。

例句 Photophosphorylation can be cyclic or non-cyclic, depending on the pattern of electron flow in one or both types of photosystem. ADP 转化成 ATP 的光合磷酸化可以是循环的，也可以是非循环的，取决于电子流动的类型，是在 1 个还是在 2 个类型的光和系统中。

photorespiration [ˌfoʊtoʊˌrespə'reɪʃən] *n* 光呼吸

释义 一种化学反应。在高光照的情况下，催化 RuBP 和二氧化碳结合的酶 rubisco，也能催化 RuBP 和氧气反应，生成光合作用(photosynthesis)的副产物。

词根 photo 是光的意思，respiration 是呼吸的意思，photorespiration 即为光呼吸的意思。

例句 Photorespiration happens most readily in high temperatures and high light intensity. 光呼吸在高温高光照的条件下最容易发生。

photosynthesis [ˌfoʊtoʊ'sɪnθəsɪs] *n* 光合作用

释义 一种化学反应。通常指绿色植物，或者含有光合色素(pigment)的细菌(bacterium)等，利用光合色素吸收光能，将二氧化碳和水分子，通过一系列化学反应，生成有机物，并释放氧气的过程。光合作用将光能转化成化学能，供生物体利用，因此它是整个生物界赖以生存的基础。光合作用分成 2 个阶段，光反应阶段(light reaction)和暗反应阶段(dark reaction)。

词根 photo 表示光的意思，synthesis 是合成的意思，photosynthesis 即为光合作用的意思。

例句 Photosynthesis is the trapping of carbon dioxide and its subsequent reduction to carbohydrate, using hydrogen from water. 光合作用可以利用水中的氢将二氧化碳还原为碳水化合物。

photosystem [foʊtə'sɪstəm] *n* 光合系统

释义 一簇色素的总称。由叶绿素(chlorophyll)、类胡萝卜素(carotenoid)等构成。光合系统包括 2 部分：附属色素(accessory pigments)和光反应中心复合物(reaction center)。附属色素负责吸收光并将光能传递给光反应中心复合物。光反应中心的色素为叶绿素 a，吸收光能后，可激发电子，并传递给电子转移链(electron transport chain)。依据最大吸收波长的不同，光合系统分为 2 种：光合系统 1，也称 P700，最大吸收光的波长在 700 nm；光合系统 2，也称 P680，最大吸收光的波长在 680 nm。

词根 photo 是光的意思，system 是系统的意思，photosystem 即为光合系统的意思。

例句 The pigments are arranged in light-harvesting clusters called photosystems of which there are two types. 被安排成吸收光簇的色素被称之为光合系统，有 2 种类型。

pigment ['pɪgmənt] *n* 色素

释义 一类化学物质，可以使其他物质显现颜色。

词根 拉丁语中 pingere 为着色的意思，pigment 是色素的意思。

例句 A pigment is a material that changes the color of reflected or transmitted light as the result of wavelength selective absorption. 色素是最终可以改变光颜色的物质，达到选择性吸收不同波长的光的结果。

pyruvate [paɪ'ruːveɪt] *n* 丙酮酸盐

释义 一种化学物质，含有 3 个碳原子。是葡萄糖(glucose)在细胞呼吸(cellular respiration)过程中第一个阶段，糖分解(glycolysis)过程的产物。

词根 pyr 是焦的意思，uva 是葡萄的意思，pyruvate 是焦葡萄酸、丙酮酸的意思。

例句 The product of glycolysis is pyruvate. 糖酵解的产物是丙酮酸盐。

respiration [ˌrɛspə'reʃən] *n* 呼吸作用

释义 呼吸作用即为气体交换作用。在人体中，主要是氧气和二氧化碳的交换。细胞呼吸作用指的是，有机物在细胞内被氧化成二氧化碳和水，释放能量的过程。分为有氧呼吸(aerobic respiration)和无氧呼吸(anaerobic respiration)2 种。

词根 respirate 是呼吸的意思，respiration 是呼吸作用的意思。

例句 Cellular respiration is the process of oxidizing food molecules, like glucose, to carbon dioxide and water. 细胞呼吸是氧化食物分子的过程，例如将葡萄糖氧化为二氧化碳和水。

(29 words)

Chapter 6 Heredity

第六章 遗传

allele [ə'lil] *n* 等位基因

释义 位于同源染色体(homologous chromosomes)上相同位置上的控制某一性状(trait)的一个基因(gene)的不同形式。1个基因可以有2个等位基因,也可以有多个等位基因。

词根 allelomorph 的缩写形式,allelo 是另一个的意思,morph 是形式的意思,allelomorph 即为等值、等位的意思。

例句 The frequency of alleles in a diploid population can be used to predict the frequencies of the corresponding genotypes. 双倍体种群中等位基因的频率可以被用来预测相关基因型的频率。

aneuploid [ənjup'lɔɪd] *n* 非整倍体

释义 整倍体细胞缺少或者增加了一条或者多条染色体(chromosome)。一般是由于减数分裂(meiosis)过程中染色体不分裂导致的。最常见的为唐氏综合征(Down syndrome)患者。

词根 an 表否定,eu 是好的意思,ploid 是倍数的意思,aneuploid 即为非整倍数的意思。

例句 Aneuploidy is the presence of an abnormal number of chromosomes in a cell. 非整倍体指的是在一个细胞中其染色体数目不正常的现象。

autosome ['ɔtəsoʊm] *n* 常染色体

释义 除性染色体(sex chromosome)外所有的染色体的统称,对性别决定不起作用。

词根 auto 表示自己的意思,some 是体的意思,autosome 即为常染色体的意思。

例句 Autosomes appear in pairs whose members have the same form but differ from other pairs in a diploid cell. 在双倍体细胞中,常染色体都是成对出现的,但是每对都是不同的。

backcross [bækk'rɒs] *n* 回交

释义 子一代的个体和两个亲本之一进行杂交(hybrid),称之为回交,是育种中非常重要的方法之一。

词根 back 是回来的意思,cross 是交叉的意思,backcross 即为回交的意思。

例句 Many backcrosses are required to produce a new cultivar which can take many years.

很多回交被用来制造一个新的品种，这需要很多年。

Barr body 巴氏小体

释义 在雌性哺乳动物体细胞(somatic cell)的细胞核(nucleus)中，一个 x 染色体浓缩成颜色较深的染色质体，称之为巴氏小体。

词根 以加拿大解剖学家 M. L. Barr 命名，body 是体的意思，Barr body 即为巴尔小体的意思。

例句 A typical human female has only one Barr body per somatic cell, while a typical human male has none. 女性的每个体细胞中都有一个巴氏小体，但是男性中没有。

carrier [ˈkæriə˞] *n* 携带者

释义 基因型(genotype)为杂合体的个体，携带有致病基因，但是本身并不发病，但是有可能将致病基因遗传给下一代。

词根 动词形式为 carry，源于法语中的 carier，是运送、携带的意思，carrier 即为搬运者、携带者。

例句 Genetic carrier is an organism that has inherited a genetic trait or mutation, but displaying no symptoms. 基因携带者指的是携带有某个基因性状或者突变的有机体，但是并不表达其症状。

chiasma [kaɪˈæzmə] *n* 交叉

释义 同源染色体(homologous chromosomes)的不同的染色体的染色单体(chromatid)相互交叉的位点。

词根 源于希腊语 chiasma，是交叉点的意思。

例句 In genetics, a chiasma is the point where two homologous non-sister chromatids exchange genetic material during crossover in meiosis. 在遗传学中，交叉是 2 个同源染色体的非姐妹染色单体在减数分裂时发生遗传物质交换的位点。

codominance [ˌkoʊˈdɒmɪnəns] *n* 共显性

释义 杂合体(heterozygous)的某个基因的 2 个等位基因(allele)的性状(trait)都得以表达的现象。例如，人的 AB 血型。

词根 co 表示共同的意思，dominance 是显性的意思，codominance 即为共显性的意思。

例句 Codominance, where allelic products coexist in the phenotype, is different from incomplete dominance, where the quantitative interaction of allele products produces an intermediate phenotype. 共显性和不完全显性是不一样的，其等位基因的产物都会表达出来，而不完全显性是表现出等位基因相互作用之后的中间表型。

cystic fibrosis 囊肿性纤维化

释义 一种遗传病(genetic diseases),单基因决定。跟 CFTR 基因突变(mutation)相关。可呈现全身性症状,以呼吸系统(respiratory system)和消化系统(digestive system)的症状为主。

词根 cystic 是囊状、囊性的意思,fibrosis 是纤维化的意思,cyctic fibrosis 即为囊性纤维化的意思。

例句 Cystic fibrosis is caused by the presence of mutations in both copies of the gene for the cystic fibrosis transmembrane conductance regulator (CFTR) protein. 囊肿性纤维化是由 CFTR 蛋白质的基因突变引起的。

dihybrid [daɪˈhaɪbrɪd] *n* 双因子杂种

释义 2 个基因(gene)的 2 对等位基因(allele)都不同的个体,称之为双因子杂种。如果以常见的字母表示,可以表示为 AaBb。字母 a 和 b 分别代表不同的基因。

词根 di 是双的意思,hybrid 是杂交,杂种的意思,dihybrid 即为双因子杂种的意思。

例句 Dihybrid crosses look at the inheritance of two genes at once. 双因子杂种杂交在 2 个基因上发挥遗传作用。

dominance [ˈdɑmənəns] *n* 显性

释义 具有不同性状的亲本进行杂交(hybrid),产生的子一代呈现出其中一个亲本的性状(trait),而没有呈现另一个亲本的性状。则呈现出来的性状称之为显性。

词根 domin 是统治、控制的意思,dominance 是支配权的意思,在生物学中是显性的意思。

例句 Dominance in genetics is a relationship between alleles of one gene. 基因学上的显性是一个基因不同等位基因之间的关系。

dystrophy [ˈdɪstrəfi] *n* 营养不良

释义 任何由营养不足导致的退化性疾病。

词根 dys 是坏的意思,trophy 是营养的意思,dystrophy 即为营养不良的意思。

例句 Dystrophy is the degeneration of tissue, due to disease or malnutrition, most likely due to heredity. 营养不良是组织由于疾病,大多数是因为遗传导致的退化。

epistasis [ɪˈpɪstəsɪs] *n* 上位效应

释义 一种基因(gene)表达控制的方式。一个基因显隐性的表达受到另外一个基因的控制,称之为上位效应。控制的基因在被控制基因的上位。

词根 epi 是在上面的意思,stasis 是控制、阻止的意思,epistasis 是在上面控制,即上位效应的意思。

例句 Epistasis is an interaction at the phenotypic level of organization. 上位效应是组织显型水平上的相互作用。

extranuclear [ˈekstrɑˈnuklɪr] *adj* 核外的

释义 在细胞核(nucleus)外面的。

词根 extra 是在外面的意思，nuclear 是核的意思，extranuclear 即为在细胞核外面的意思。

例句 Extranuclear inheritance is the transmission of genes that occur outside the nucleus. 核外遗传是发生在细胞核之外的基因的转移。

gene interactions 基因相互作用

释义 指非等位基因通过相互作用影响相互性状(trait)表达的现象。

词根 gene 即基因，interaction 是相互作用的意思，gene interaction 即为基因相互作用的意思。

例句 Epistasis describes how gene interactions can affect phenotypes. 上位效应描述了基因的相互作用怎样影响表现型。

gene locus 基因位点

释义 基因(gene)在染色体(chromosome)上占据的特定的位置，称之为基因位点。

词根 gene 是基因的意思，locus 是位点的意思，gene locus 即为基因位点的意思。

例句 Gene locus is the exact location on a chromosome in the nucleus of the cell, where a gene is located. 基因位点是一个基因位于一个细胞的细胞核中的染色体上的准确位点。

genotype [ˈdʒenətaɪp] *n* 基因型

释义 生物个体某一性状(trait)的基因组成称之其基因型。

词根 geno 表示基因的意思，type 是类型的意思，genotype 即为基因型的意思。

例句 The alleles that an organism has form its genotype. 有机体的等位基因构成了其基因型。

hemophilia [ˌhiməˈfɪlɪr] *n* 血友病

释义 一种伴性遗传病(sex linkage inheritance)，单基因决定。基因位于 x 染色体上，属于隐性(recessive)遗传病，可以隔代遗传。症状为凝血障碍，原因是凝血因子Ⅷ的缺乏。

词根 hemo 是血的意思，philia 是友情、爱情的意思，hemophilia 即为血友病的意思。

例句 One type of hemophilia is hemophilia A, which is caused by a deficiency in clotting factor Ⅷ. 有一种血友病是血友病 A，由缺乏凝血因子Ⅷ引起。

heterozygous [hetərəˈzaɪgəs] *adj* 杂合的

释义 个体的某个基因(gene)在同源染色体(homologous chromosomes)上拥有不同的两个等位基因(allele)。

词根 hetero 表示不同的意思，zygous 源自单词 zygote，即合子的意思，heterozygous 即为杂合的意思。

例句 A diploid organism is heterozygous at a gene locus when its cells contain two different alleles of a gene. 一个双倍体有机体是杂合的，表明其细胞的某个基因位点上的一个基因的两个等位基因是不同的。

homozygous [ˌhɒmə'zaɪgəs] *adj* 纯合的

释义 个体的某个基因(gene)在同源染色体(homologous chromosomes)上拥有相同的两个等位基因(allele)。

词根 homo 表示相同的意思，zygous 源自 zygote，是合子的意思，homozygous 是纯合的意思。

例句 A cell is said to be homozygous for a particular gene when identical alleles of the gene are present on both homologous chromosomes. 纯合体细胞是指其某个特定的基因在同源染色体上的等位基因是相同的。

hybrid ['haɪbrɪd] *n, adj* 杂种，杂种的

释义 不同的基因型(genotype)的个体之间的交配而取得某些双亲基因重新组合的个体的方法。

词根 源于拉丁语 hybrida，为杂交生成的生物体的意思。

例句 A mule is the hybrid from a donkey and a horse. 骡子是驴和马的杂交体。

incomplete dominance 不完全显性

释义 子一代既不呈现出父本的性状(trait)，也不呈现母本的性状，而是呈现出其中间性状的一种遗传现象。例如，假设 AA 开红花，aa 开白花，A 对 a 不完全显性，则基因型 Aa 的个体既不开红花，也不开白花，而是开粉花。

词根 in 表示否定的意思，complete 是完全的意思，incomplete 即为不完全的意思，dominance 是显性的意思，incomplete dominance 即为不完全显性的意思。

例句 Incomplete dominance occurs when the phenotype of the heterozygous phenotypes is distinct from and often intermediate to the phenotypes of the homozygous phenotypes. 当杂合体的表现型和纯合体都不一样，且呈现出其中间性状时，不完全显性就发生了。

karyotype ['kærɪɪˌtaɪp] *n* 染色体组型

释义 一个细胞内所有染色体(chromosome)信息的总和，包括染色体的数量、形状和大小等。

词根 karyo 表示核的意思，type 是类型的意思，karyotype 即为核型的意思，也译为染色体组型。

例句 A karyotype is the number and appearance of chromosomes in the nucleus of a eukaryotic cell. 染色体组型指的是在一个真核细胞的细胞核中，染色体的数量和其他表现。

linked genes 连锁基因

释义 两个不同的基因都位于同一对同源染色体(homologous chromosomes)上，那么，这两个基因互为连锁基因。

词根 linked 是关联的意思，gene 为基因的意思，linked gene 即为连锁基因的意思。

例句 These two genes are linked genes, which are located on the same chromosome. 这两个基因是连锁基因，它们位于同一个染色体上。

monohybrid [ˌmɒnoʊ'haɪbrɪd] *n* 单因子杂交

释义 发生在母本中的一种基因(gene)的杂交现象。

词根 mono 表示单、一个的意思，hybrid 是杂交的意思，monohybrid 即为单因子杂交的意思。

例句 A monohybrid cross is a mating between two individuals with different alleles at one genetic locus of interest. 单因子杂交指的是两个个体之间的杂交，杂交发生在同一个基因位点上不同的等位基因之间。

nondisjunction [ˌnɒndɪs'dʒʌŋkʃən] *n* 不分离

释义 一种生物学现象。在细胞的减数分裂(meiosis)的过程中，一对同源染色体(homologous chromosomes)并没有分离进入 2 个子细胞中去，而是都进入同一个细胞。

词根 junction 是连接的意思，dis 表示否定，non 也表示否定，disjunction 即为不连接的意思，也就是分离的意思，nondisjunction 即为不分离的意思。

例句 Nondisjunction is the failure of homologous chromosomes or sister chromatids to separate properly during cell division. 不分离指的是在细胞分裂的过程中，同源染色体或者姐妹染色单体分离失败。

offspring ['ɔfsprɪŋ] *n* 后代

释义 由母代生产出的新的有机体，是其生殖的产物。

词根 off 表示从的意思，spring 有出现、兴起的意思，offspring 指从母代生成出来的后代的意思。

例句 Cloning is the production of an offspring which represents the identical genes as its parent. 克隆产生的后代其基因和其父母是完全相同的。

pedigree ['pɛdɪˌgri] *n* 系谱

释义 记录某一遗传种族各代成员数目、亲属关系以及有关遗传性状或遗传病在该家系中分布情况的图示。

词根 源于法语中的 péde grue，是仙鹤的脚的意思，pedi 表示脚、足的意思，pedigree 指纯种谱系。

例句 Pedigree chart, a document to record ancestry, is used by genealogists in study of human family lines. 系谱图,以文档记录,被系谱专家用来研究人类家族系谱。

penetrance ['penətrəns] *n* 外显率

释义 有机体的某一基因型(genotype)表现出相应表型的频率。

词根 源于德语中的 Penetranz,penetr 是穿透的意思,penetrance 指透入度、外显率。

例句 Penetrance in genetics is the proportion of individuals carrying a particular variant of a gene that also expresses an associated trait. 遗传学中的外显率指的是指携带某个特定基因能够表达出其相关性状的个体的比率。

phenotype ['finəˌtaɪp] *n* 表现型

释义 生物体所表现出的性状(trait)。

词根 源于希腊语 phainein,是表现的意思,type 是种类、类型的意思,phenotype 即为表现型的意思。

例句 A phenotype is the composite of an organism's observable characteristics or traits. 表现型是一个有机体可以观察到的性状的总和。

pleiotropy [plaɪ'ɒtrəpɪ] *n* 基因多效性

释义 一个基因(gene)能够决定或者影响多个性状(trait)。

词根 pleio 是多的意思,tropy 是转变的意思,pleiotropy 即为多向性、多效性的意思。

例句 An example of pleiotropy is phenylketonuria, a human disease that affects multiple systems but is caused by one gene defect. 基因多效性的一个例子是苯丙酮尿症,这是一个人类的遗传疾病,能够影响很多系统,但是是由单基因引起的。

polygenic ['pɑlɪ'dʒenɪk] *adj* 多基因的

释义 多个基因(gene)共同作用,以影响某个性状(trait)。例如,人类的身高是一种性状,不是单基因决定,是由多个基因影响的。

词根 poly 是多的意思,genic 表示基因的意思,polygenic 即为多基因的意思。

例句 Human's weight is a case of polygenic inheritance. 人的体重是多基因遗传的。

polyploid ['pɒliplɔɪd] *n* 多倍体

释义 体细胞中含有 3 个或者 3 个以上染色体组的个体。

词根 poly 是多的意思,ploid 是倍体的意思,polyploid 即为多倍体的意思。

例句 A polyploid organism has three or more complete sets of chromosomes. 多倍体有机体含有 3 套或者更多的染色体。

recessive [rɪ'sɛsɪv] *n*, *adj* 隐性,隐性的

释义 隐性基因的特点是,当隐性基因和显性基因(dominant gene)同时存在的时候,其性状(trait)不会显示出来,只有其纯合体(homozygous)才会将其性状显示出来。

词根 re 是回、退的意思,cess 是走的意思,recess 是把某物放在凹处、隐蔽处的意思,其形容词形式为 recessive。

例句 "Recessive gene" refers to an allele that causes a phenotype that is only seen in a homozygous genotype and never in a heterozygous genotype. 隐性基因指的是仅仅在隐性的纯合体中能影响表型的等位基因,而在杂合体中不能影响表型。

sex-influenced inheritance 性别影响的遗传

释义 性状(trait)的表达在受到基因影响的同时,也受到性别的影响。也就是说,同一个基因型(genotype),在不同性别里的性状是不一样的。

词根 sex 是性别的意思,influence 是影响的意思,inheritance 是遗传的意思,sex-influenced inheritance 即为性别影响的遗传的意思。

例句 One example of sex-influenced inheritance is baldness. 性别影响遗传的一个例子是秃头。

sex-linkage inheritance 伴性遗传

释义 由性染色体(sex chromosomes)上的基因控制后代性状的遗传方式,称之为伴性遗传。

词根 sex 为性别的意思,linkage 是关联的意思,inheritance 是遗传的意思,sex-linkage inheritance 即为伴性遗传的意思。

例句 One example of sex-linkage inheritance is hemophilia. 伴性遗传的一个例子是血友病。

somatic [so'mætɪk] *adj* 身体的

释义 即身体的意思,尤其区别于生殖的,例如 somatic cell 即为体细胞的意思,不包括生殖细胞(germ cell)。

词根 som 即 body 的意思,表示身体,其形容词形式为 somatic。

例句 Usually, somatic cells are diploid cells. 通常,体细胞是双倍体。

syndrome ['sɪndroʊm] *n* 综合征

释义 生物个体出现一系列功能失调或者病态的一组症状。

词根 syn 表示共同的意思,drom 是 run,即奔跑的意思,syndrome 指共同出现,引申为综合病症的意思。

例句 Syndromes are often named after the physician or group of physicians that discovered them or initially described the full clinical picture. 综合征一般是以最初发现它的医生或

者完整描述它的医生的名字命名。

testcross [ˈtestkrɒs] *n* 测交

释义 为了确定显性(dominant)性状个体的基因型(genotype),而采取的将未知基因型个体与隐性(recessive)性状个体进行交配的方式。

词根 test 是测试的意思,cross 是交叉的意思,testcross 即为测交的意思。

例句 Testcross is used to test an individual's genotype by crossing it with an individual of a known genotype. 测交被用来检测个体的基因型,将其与一个已知基因型的个体进行杂交即可。

trait [ˈtreɪt] *n* 性状

释义 生物体具有的可以遗传的形态结构、生理特点、行为习惯等特征。

词根 源于拉丁语 tractus,是绘画的意思,后引申为所描绘的具体的特征,即为性状的意思。

例句 In his dihybrid crosses with pea plants, Mendel simultaneously examined two different genes that controlled two different traits. 在他的杂交豌豆中,孟德尔同时检测了控制 2 个不同性状的 2 个不同基因。

triploid [ˈtrɪplɔɪd] *n* 三倍体

释义 含有 3 组染色体(chromosome)的生物体或细胞,不能进行减数分裂(meiosis)。

词根 tri 是三的意思,ploid 是倍数的意思,triploid 是三倍体的意思。

例句 Usually, seedless watermelons are triploid. 通常,无籽西瓜都是三倍体。

(41 words)

Chapter 7 Molecular Biology
第七章 分子生物学

antibiotic [ˌæntibaiˈɑːtɪk] *n* 抗生素

释义 一种化学物质，可以杀死细菌（bacterium），一些真菌（fungi），但是对病毒（virus）几乎没有作用。抗生素多由微生物代谢产生，例如第一个发现的抗生素——青霉素（penicillin）就是由真菌青霉产生的，现在的生物技术也可以人工合成抗生素。

词根 anti 是抗的意思，biotic 是生命的意思，antibiotic 即为抗生素的意思。

例句 Antibiotics are not effective against viruses such as the common cold or influenza. 抗生素对于病毒是无效的，例如普通感冒和流感。

anticodon [ˈæntikədən] *n* 反密码子

释义 位于 tRNA 上，指的是其 3 个相邻碱基（base）的顺序，因其可以与 mRNA 上的密码子（codon）相互配对，因此称之为反密码子。

词根 anti 是反的意思，codon 是密码的意思，anticodon 即为反密码子的意思。

例句 Each tRNA contains a distinct anticodon triplet sequence that can base pair to one or more codons for an amino acid. 每一个 tRNA 都含有一个反密码子，其 3 个碱基顺序可以和氨基酸的一个或多个密码子配对。

bacteriophage [bækˈtɪərɪʃəɪdʒ] *n* 噬菌体

释义 一类病毒（virus）的总称，其可以感染细菌（bacterium）和真菌（fungi）等微生物。

词根 bacteria 是细菌的意思，phage 是吞噬的意思，bacteriophage 即为噬菌体的意思。

例句 Bacteriophages are composed of proteins that encapsulate a DNA or RNA genome, and may have relatively simple structures. 噬菌体是由包裹 DNA 或者 RNA 基因组的蛋白质构成，并具有相对简单的结构。

base [beɪs] *n* 碱基

释义 一类含氮的化学分子，是核苷酸（nucleotide）的组成成分。分成嘌呤（purine）和嘧啶（pyrimidine）两大类。在 DNA 分子中，碱基为 A、T、G、C；在 RNA 分子中，碱基为 A、U、G、C。

词根 源于古法语 bas，是基层、底座的意思，在生化学中指碱基。

例句 A base pair is a unit consisting of two nucleobases bound to each other by hydrogen bonds. 1 个碱基对由 2 个核苷酸构成，它们之间以氢键相互连接。

binary fission 二分分裂

释义 单细胞生物无性生殖(asexual reproduction)的一种方式。

词根 binary 是双重的意思，fission 是分裂生殖的意思，binary fission 即为二分分裂的意思。

例句 Binary fission results in the reproduction of a living prokaryotic cell by dividing the cell into two parts, each with the potential to grow to the size of the original. 二分分裂导致原核细胞的繁殖，它可将 1 个细胞变为 2 个细胞，而且每个细胞都有能力发育成原来细胞的大小。

capsid ['kæpsɪd] *n* 壳体

释义 病毒(virus)结构中外面紧密包裹着的蛋白质外衣，用来保护中间的核酸(nucleic acid)，称之为壳体。

词根 cap 是壳的意思，sid 是坐的意思，capsid 指的是壳的外部，壳体部分。

例句 A capsid is the protein shell of a virus. 壳体是病毒的蛋白质外壳。

clone [kloʊn] *n* 克隆

释义 即无性生殖(asexual reproduction)。例如，典型的动物克隆，不需要卵子(oocyte)和精子(sperm)进行受精(fertilisation)过程，将动物体细胞中的细胞核(nucleus)移入卵子中即可。

词根 源于希腊语 klōn，是细枝、嫩枝的意思，即无性繁殖的个体，后引申为复制品、翻版的意思。

例句 A clone is a group of identical cells that share a common ancestry, meaning they are derived from the same cell. 克隆是一群完全一样的细胞，它们有一个共同的祖先，意味着它们都是从相同的细胞发育而来。

codon ['koʊdɒn] *n* 密码子

释义 mRNA 上相邻的 3 个核苷酸(nucleotide)的碱基(base)顺序。在蛋白质(protein)合成的时候，代表一种氨基酸(amino acid)。

词根 cod 是密码的意思，on 是开启的意思，codon 即为密码子的意思。

例句 Translation starts with a chain initiation codon or start codon. 翻译从起始密码子开始。

complementary DNA (cDNA) 互补 DNA

释义 以 mRNA 为模板，在反转录酶(reverse transcriptase)的作用下，生成单链 DNA 分子，然后根据此单链 DNA 分子为模板，可以生成双链 DNA 分子。反转录生成的 DNA 称之为互补 DNA。

词根 complementary 是互补的意思，complementary DNA 即为互补 DNA 的意思。

例句 When scientists want to express a specific protein in a cell that does not normally express that protein, they will transfer the cDNA that codes for the protein to the recipient cell. 当科学家想在一个正常状态下不产生某种蛋白质的细胞中表达这种蛋白质时，他们会将编码这个蛋白质的 cDNA 转入这个受体细胞中。

corepressor [ˌkoʊrɪˈpresə] *n* 辅阻遏物

释义 能够与基因(gene)的调控序列(regulator)或者操纵序列(operator)结合的蛋白质，其能够阻止基因的表达。

词根 co 是共同、合作的意思，repressor 是阻遏物的意思，corepressor 即为辅阻遏物的意思。

例句 A corepressor does not directly bind to DNA, but instead indirectly regulates gene expression by binding to repressors. 辅阻遏物并不直接结合 DNA，而是通过结合抑制物间接调节基因的表达。

DNA chips DNA 芯片

释义 又称之为基因芯片。将 DNA 片段有规律的排列在固定支持物上，构成 DNA 探针阵列，与计算机芯片类似，所以称之为 DNA 芯片。

词根 chips 是芯片的意思，DNA chips 即为 DNA 芯片的意思。

例句 DNA chips analysis is one of the fastest growing new technologies in the field of genetic research. DNA 芯片分析是一种基因研究领域发展最快最新的技术。

DNA fingerprint DNA 指纹

释义 不同生物个体的 DNA 是不一样的，通过 PCR、凝胶电泳(gel electrophoresis)等分子生物学技术可以将不同生物的 DNA 的特点在胶片上显现，其特点和人类指纹一样，具有极强的个体差异性，所以称之为 DNA 指纹。

词根 fingerprint 是指纹的意思，DNA fingerprint 即为 DNA 指纹的意思。

例句 A person who has DNA fingerprint done voluntarily usually provides a sample of blood taken from a vein. 一个自愿做过 DNA 指纹分析的人通常都会提供其静脉血的血样。

exon [ˈeksɒn] *n* 外显子

释义 存在于真核生物(eukaryote)的基因中，在 mRNA 剪接之后仍然会被保留下来，最终会被表达为蛋白质(protein)。

词根 ex 是外部的意思，on 是显示、开启的意思，exon 即为外显子的意思。

例句 The term exon refers to both the DNA sequence within a gene and to the corresponding sequence in RNA transcripts. 外显子指的是基因内的 DNA 序列，也可以指相关的 RNA 分子中的序列。

gel electrophoresis 凝胶电泳

释义 一种分子生物学技术。利用分子，例如 DNA 分子或者蛋白质分子(protein)带有电荷的特点，在电场中，可以朝着电极运动，分子越大，运动得越慢；分子越小，运动得越快。可用来检测和分离分子。由于分子的运动是在凝胶介质中进行的，所以称之为凝胶电泳。

词根 gel 是凝胶的意思，electrophoresis 是电泳的意思，gel electrophoresis 即为凝胶电泳的意思。

例句 Gel electrophoresis is a process which enables the sorting of molecules based on size. 凝胶电泳是一种能够将分子按照其大小分开的技术。

genome [ˈdʒinoʊm] *n* 基因组

释义 单倍体细胞核(nucleus)、细胞器(organelle)或病毒粒子所含的全部 DNA 分子或 RNA 分子。

词根 是 gene 和 chromosome 的合成词，即为基因组的意思。

例句 The genome includes the genes, the noncoding DNA and the genomes of the mitochondria and chloroplasts. 基因组包含有基因、非编码 DNA，以及线粒体和叶绿体的基因。

heredity [həˈrɛdɪti] *n* 遗传

释义 生物体的表征和性状从母本(parent)传递给子代(offspring)的过程。

词根 here 是子嗣、后代的意思，dity 是性质的意思，heredity 即为遗传性的意思。

例句 Through heredity, variations exhibited by individuals can accumulate and cause some species to evolve through the natural selection of specific phenotype traits. 通过遗传，个体间呈现出的差异会累积并且引起一些物种通过自然选择而发生进化。

helicase [ˈhelɪkeɪz] *n* 解旋酶

释义 是一类酶(enzyme)的总称。通过作用于 DNA 分子上的氢键(hydrogen bond)，将 DNA 分子的螺旋结构解开，将 DNA 分子由互补的双链变成两条互补的单链。

词根 helic 是螺旋的意思，ase 有酶的意思，helicase 即为解旋酶的意思。

例句 Helicase's main function is to unpackage an organism's genes. 解旋酶的主要功能是解开一个有机体的基因。

inheritance [ɪnˈhɛrɪtəns] *n* 遗传

释义 亲本将基因(gene)和性状(trait)传递给后代的现象。

词根 in 是内部、属于的意思，heri 是子嗣后代的意思，inherit 是继承、遗传的意思，其名词形式为 inheritance。

例句 Dominance is a key concept in Mendelian inheritance and classical genetics. 显性是孟德尔遗传和经典基因学中的关键内容。

intron ['ɪntrɪn] *n* 内含子

释义 真核生物(eukaryote)基因中的非编码区,不会表达蛋白质(protein),在 mRNA 剪接中会被剪切掉。

词根 是 intro、genic 和 on 的合成词,intro 指内部,on 是开启、有的意思,在生化学中 intron 即为基因内区,即内含子的意思。

例句 An intron is any nucleotide sequence within a gene that is removed by RNA splicing during maturation of the final RNA product. 内含子是基因中的核苷酸序列,在最后形成 RNA 最终产物的 RNA 拼接过程中会被移除。

lac operon 乳糖操纵元

释义 在原核生物(prokaryote)中存在的参与乳糖(lactose)分解的基因簇。由结构基因(structural gene)、操纵基因等构成。例如,对于大肠杆菌,在环境中有乳糖时,乳糖操纵元可以使编码乳糖酶的基因表达,产生乳糖酶,分解乳糖,以供其利用。

词根 lac 是 lactose 的简称,是乳糖的意思,operon 是操纵子的意思,lac operon 即为乳糖操纵元的意思。

例句 The type of regulation that the lac operon undergoes is referred to as negative inducible, meaning that the gene is turned off by the regulatory factor (lac repressor) unless some molecule (lactose) is added. 乳糖操纵元的调节方式是负诱导型的,就是说调节基因(乳糖抑制子)会关闭其基因直到一些分子(乳糖)加入进来。

lagging strand 后随链

释义 DNA 复制过程中,新链合成的方向是从 5′到 3′。因此有一条链条的方向和复制叉的方向是相反的,即为后随链。由于合成方向和模板 DNA 双链打开方向相反,所以后随链必须不断产生新的起点进行合成,其 DNA 成片段状。

词根 lagging 是滞后的意思,strand 表示链,lagging strand 即为后随链的意思。

例句 The lagging strand is synthesized in short, separated segments. 后随链是一些合成的单独的短的片段。

leading strand 前导链

释义 DNA 复制过程中,新链合成的方向是从 5′到 3′。那条和复制叉方向相同的 DNA 链即为前导链。

词根 leading 是引导、先导的意思,strand 是链条的意思,leading strand 即为前导链的意思。

例句 The leading strand is the strand of nascent DNA which is being synthesized in the same direction as the growing replication fork. 前导链是与复制叉同方向的被合成的新的 DNA 链。

ligase ['laɪˌgeɪs] *n* 连接酶

释义 一类酶(enzyme)的总称,以 DNA 连接酶为例,可将 2 条独立的 DNA 分子连接成 1 条 DNA 分子。

词根 liga 是链接的意思,ase 是酶的意思,ligase 即为连接酶的意思。

例句 DNA ligase is a specific type of enzyme that facilitates the joining of DNA strands together by catalyzing the formation of a phosphodiester bond. DNA 连接酶是一种特定的酶,通过促进形成磷酸二酯键而将不同的 DNA 链连接起来。

missense ['mɪsˌsens] *n* 错义

释义 通常指突变(mutation)的一种类型,结果是基因(gene)表达出现变化。

词根 mis 是错误的意思,sense 的感知、领会的意思,missense 即为错误领会,即错义的意思。

例句 A missense mutation is a point mutation in which a single nucleotide change results in a codon that codes for a different amino acid. 错义突变是单个核苷酸位点的点突变,导致编码一个不同的氨基酸。

message RNA(mRNA) 信使 RNA

释义 RNA 的一种。由 DNA 的一条链作为模板转录而来的,携带遗传信息的能指导蛋白质(protein)合成的一类单链核糖核酸(single-strand nucleic acid)。

词根 message 是信息的意思,message RNA 即为信使核糖核酸的意思。

例句 The brief existence of a mRNA molecule begins with transcription, and ultimately ends in degradation. mRNA 主要出现于转录开始时,最终不断退化掉。

mutation [mju'teʃən] *n* 突变

释义 细胞中遗传基因发生改变的现象。可以是染色体(chromosome)的突变,也可以是 DNA 的突变,例如 DNA 的碱基(base)顺序发生变化。

词根 动词形式为 mutate,源于拉丁语中 mutatio,即改变的意思,其名词形式为 mutation。

例句 A mutation is the permanent alteration of the nucleotide sequence of the genome of an organism, virus, or extrachromosomal DNA or other genetic elements. 突变是有机体基因组、病毒、染色体外 DNA 或者其他遗传组分的核苷酸序列的永久性改变。

nucleoid ['njukliˌɔɪd] *n* 类核

释义 原核生物(prokaryote)中类似于细胞核(nucleus)的结构。其含有环状 DNA 分子,但是没有染色体(chromosome)结构。

词根 nucle 是核的意思,oid 是类似的意思,nucleoid 即为类核的意思。

例句 In contrast to the nucleus of a eukaryotic cell, nucleoid is not surrounded by a nuclear membrane. 和真核细胞的细胞核相反,类核没有被核膜包被。

Okazaki fragments 冈崎片断

释义 DNA 复制过程中,后随链(lagging strand)不连续合成产生的片段。

词根 该片断是由日本夫妻 Reiji Okazaki 和 Tsuneko 所领导的团队发现的,故以其命名为冈崎片断。

例句 Okazaki fragments are between 1 000 and 2 000 nucleotides long in prokaryotes and are roughly 100 to 200 nucleotides long in eukaryotes. 冈崎片段在原核细胞中的长度是 1 000～2 000 个核苷酸,在真核细胞中为 100～200 个核苷酸。

operator [ˈɑpəreɪtə] *n* 操纵基因

释义 在操纵子(operon)中,控制结构基因(structural gene)转录(transcription)的基因。

词根 oper 是工作、操纵的意思,ate 是动词形式,operate 是操纵的意思,operator 即为操纵者的意思,在生物学中是操纵基因的意思。

例句 An operator is a segment of DNA to which a transcription factor binds to regulate gene expression. 操纵基因是一段能和转录因子结合的 DNA 片段,可调节基因表达。

operon [ˈɒpəˌrɒn] *n* 操纵子

释义 由启动子(promoter)、操纵基因(operator)和结构基因(structural gene)组成的基因(gene)的总称。其作用是通过操纵基因控制启动子与 RNA 聚合酶(polymerase)的结合,从而调节结构基因的表达。

词根 oper 是工作、操纵的意思,on 是子的意思,operon 即为操纵子的意思。

例句 An operon is a functioning unit of genomic DNA containing a cluster of genes under the control of a single promoter. 操纵子是基因 DNA 的功能性单位,在单个启动子控制下拥有一簇基因。

phosphodiester bond 磷酸二酯键

释义 一种化学键。由磷酸基团和羟基脱水酯化形成的酯键。

词根 phospho 表示磷酸的意思,di 是二的意思,ester 是酯的意思,bond 表示化学键,phosphodiester bond 即为磷酸二酯键的意思。

例句 Phosphodiester bonds are central to all life on earth, as they make up the backbone of the strands of nucleic acid. 磷酸二酯键对于地球上所有的生命来说都很关键,因为它们组成了核酸的基本骨架。

plasmid ['plæzmɪd] *n* 质粒

释义 在原核生物(prokaryote)的细胞质(cytoplasm)中存在的，一种小的圆环状的 DNA。可以自主复制。质粒可以被用作载体(vector)进行转基因。

词根 plasma/plasm 是血浆、原生质的意思，id 是粒子的意思，plasmid 即为质粒的意思。

例句 A plasmid is a small DNA molecule within a cell that is physically separated from a chromosomal DNA and can replicate independently. 质粒是细胞内的小 DNA 分子，它们和染色体 DNA 是相对独立的，并且可以独立复制。

polymerase ['pɒləməˌreɪs] *n* 聚合酶

释义 一种催化核苷酸(nucleotide)合成 DNA 或者 RNA 大分子的酶(enzyme)，可以分为 DNA 聚合酶和 RNA 聚合酶。

词根 polymer 是多聚物的意思，ase 表示酶的意思，polymerase 即为聚合酶的意思。

例句 DNA polymerases are enzymes that synthesize DNA molecules from deoxyribonucleotides. DNA 聚合酶可以利用脱氧核苷酸来合成 DNA 分子。

primase [praɪ'meɪz] *n* 引物酶

释义 一种酶(enzyme)，可以合成一小段 RNA 分子，用来起始 DNA 分子的合成。

词根 primer 是引物的意思，ase 表示酶，所以 primase 即为引物酶的意思。

例句 Primase catalyzes the synthesis of a short RNA segment called a primer complementary to a DNA template. 引物酶催化合成了引物，引物是一小段 RNA 片段，可以和 DNA 模板互补配对。

primer ['prɪmɚ] *n* 引物

释义 一小段 DNA 或者 RNA 分子，用来起始文本 DNA 分子的复制。

词根 primer/prim 是第一、首位的意思，在生物学中是引物的意思。

例句 In most cases of natural DNA replication, the primer for DNA synthesis and replication is a short strand of RNA. 在大多数 DNA 复制中，DNA 的合成和复制的引物是一小段 RNA 分子。

prion ['priɑn] *n* 朊病毒

释义 一种感染性蛋白质(protein)，无核酸(nucleic acid)结构。不是病毒(virus)。可侵染动物导致动物性疾病。例如，疯牛病。

词根 是由 proteinaceous 和 infectious particle 合成的词，proteinaceous 是蛋白质的、似蛋白质的意思，infectious particle 是传染病毒的意思，所以合成 prion 以后指的就是一种具有传染性的蛋白质，即朊病毒的意思。

例句 A prion is an infectious agent composed entirely of protein material. 朊病毒是由蛋白

质构成的一种感染性物质。

probe [proʊb] *n* 探针

释义 一小段核酸(nucleic acid)序列,可以用来检测与其互补的核酸序列。

词根 源于拉丁语 proba,是验证、测试的意思。

例句 To detect hybridization of the probe to its target sequence, the probe is tagged with a molecular marker of either radioactive or fluorescent molecules. 为了检测探针和其靶序列的杂交,探针会被标记上荧光或者放射活性的分子。

promoter [prə'moʊtə] *n* 启动子

释义 一段 DNA 序列,控制基因转录(transcription)的起始。可以和 RNA 多聚酶(polymerase)进行特异性的识别。

词根 promot 是前进、促进的意思,er 表示人、者,promoter 即为促进者、发起者的意思,生物学中是启动子的意思。

例句 A promoter is a region of DNA that initiates transcription of a particular gene. 启动子是能够起始一段特定基因转录的 DNA 分子。

regulator ['rɛgjəˌletɚ] *n* 调节基因

释义 一段基因(gene),可以表达调节蛋白(regulatory protein),调节蛋白可以和操纵基因(operator)结合,从而控制 RNA 聚合酶(polymerase)和启动子(promoter)的结合,进而调节结构基因(structural gene)的表达。

词根 regula 是管理、治理的意思,regulate 是控制调节的意思,or 是者的意思,regulator 即为调节者的意思,在生物学中是调节基因的意思。

例句 Regulator is a gene involved in controlling the expression of one or more other genes. 调节基因是参与控制一个基因或者其他多个基因表达的基因。

restriction enzyme 限制性内切酶

释义 一种酶(enzyme),可以识别核酸(nucleic acid)特异的核苷酸(nucleotide)点,从而在该位点,将磷酸二酯键(phosphodiester bond)切断。

词根 restriction 是限制的意思,enzyme 是酶的意思,restriction enzyme 即为限制性内切酶的意思。

例句 Inside a prokaryote, the restriction enzymes selectively cut up foreign DNA in a process called restriction. 在原核细胞中,限制性内切酶选择性的切断外源 DNA,这一过程称之为限制性。

replication bubble 复制泡

释义 DNA 在复制过程中采用的双向复制的方式。1 个复制泡由 2 个复制叉(replication

fork)构成。2 个复制叉之间形成的空间即为复制泡。

词根 replication 是复制的意思，bubble 是泡泡的意思，replication bubble 即为复制泡的意思。

例句 Once the polymerases have opened the molecule, an area known as the replication bubble forms. 一旦多聚酶打开了分子，复制泡的区域就形成了。

replication fork 复制叉

释义 DNA 在复制启动时，尚未解开螺旋的亲代双链 DNA 同新合成的 2 条子代双链 DNA 的交界处，称为复制叉。

词根 replication 是复制的意思，fork 是叉子的意思，replication fork 即为复制叉的意思。

例句 Replication fork is created by helicases, which break the hydrogen bonds holding the two DNA strands together. 复制叉由解旋酶产生，其可以将 2 条 DNA 链之间的氢键打开。

repressor [rɪˈpresə] *n* 阻遏物

释义 一类蛋白质(protein)，一般由调节基因(regulator)产生，可识别特定的操纵基因(operator)，并可与之结合，以控制基因的转录和表达。

词根 re 是重复、倒退的意思，press 是按压、迫使的意思，repress 即为抑制、压制的意思，or 是者的意思，repressor 即为抑压者的意思，在生物学中是阻遏物的意思。

例句 A repressor is a DNA or RNA binding protein that inhibits the expression of one or more genes by binding to the operator. 阻遏物是 1 个 DNA 或者 RNA 结合蛋白质，其可以通过结合操纵子来抑制 1 个或者多个基因的表达。

reverse transcriptase 反转录酶

释义 一种酶(enzyme)，能够以 mRNA 为模板，催化生成 DNA 分子。

词根 reverse 表示反的意思，transcriptase 是转录酶的意思，reverse transcriptase 即为反转录酶的意思。

例句 A reverse transcriptase is an enzyme used to generate complementary DNA (cDNA) from an RNA template. 反转录酶是一种能够根据 RNA 模板催化产生 cDNA 的酶。

ribosomal RNA (rRNA) 核糖体 RNA

释义 RNA 的一种，可与蛋白质结合生成核糖体(ribosome)。

词根 ribo 是核糖的意思，some 是体的意思，ribosome 即为核糖体的意思，其形容词形式为 ribosomal，ribosomal RNA 即为核糖体 RNA 的意思。

例句 The ribosomal RNAs complex combine with proteins to form two subunits, the large subunit and small subunit. 核糖体 RNA 和蛋白质结合生成 2 个亚基，大亚基和小亚基。

semi conservative 半保留的

释义 形容 DNA 的复制。因为 DNA 复制产生的新链中有一条链和原来的一条链是完全一样的，称之为半保留。

词根 semi 是半的意思，conserve 是保留的意思，其形容词形式为 conservative，semi conservative 即为半保留的意思。

例句 DNA replication is semi conservative. DNA 复制是半保留的。

start codon 起始密码子

释义 翻译(translation)开始时需要有一个特定的位点开始，这个起始的位点就是起始密码子。

词根 start 是开始的意思，codon 是密码的意思，start codon 是起始密码子的意思。

例句 The start codon is the first codon of a messenger RNA (mRNA) transcript. 起始密码子是 mRNA 上的第一个密码子。

sticky ends 黏性末端

释义 DNA 分子被限制性内切酶(restriction enzyme)切开时，在切口出留下的几个未配对的碱基(base)，称之为黏性末端，它们之间正好互补配对。

词根 sticky 是黏性的意思，ends 是末端的意思，sticky ends 即为黏性末端的意思。

例句 Sticky ends can be used to produce recombinant DNA. 黏性末端可以被用来制造重组 DNA。

stop codon 终止密码子

释义 蛋白质(protein)合成过程中终止翻译(translation)过程的密码子。

词根 stop 是停止的意思，codon 是密码的意思，stop codon 是终止密码子的意思。

例句 A stop codon is a nucleotide triplet within messenger RNA that signals a termination of translation into proteins. 终止密码子是 RNA 分子内的核苷酸三位密码子，其提供信号以终止翻译过程。

telomerase [tə'lɒməreɪz] *n* 端粒酶

释义 一种酶(enzyme)，可将端粒 DNA 加至真核细胞(eukaryote)染色体(chromosome)的末端。

词根 telo 是末端的意思，mer 有体、粒的意思，ase 是酶的意思，telomerase 即为端粒酶的意思。

例句 Telomerase, active in normal stem cells and most cancer cells, is normally absent from, or at very low levels in, most somatic cells. 端粒酶，在正常的干细胞和大多数肿瘤细胞中活跃，但是在大多数体细胞中不存在或者水平很低。

telomere [ˈteləˌmɪr] *n* 端粒

释义 真核生物(eukaryote)染色体(chromosome)末端的 DNA 和蛋白质(protein)分子的复合物,其作用是用来保护染色体,保持染色体的完整和稳定。

词根 telo 是末端的意思,mere/mer 有体、粒的意思,telomere 即为端粒的意思。

例句 A telomere is a region of repetitive nucleotide sequences at each end of a chromosome. 端粒是一个染色体末端的可重复的核苷酸序列。

topoisomerase [ˌtɒpɔɪˈsʌməreɪz] *n* 拓扑异构酶

释义 一类酶(enzyme),能够控制 DNA 的拓扑状态,参与其超螺旋结构的调节。

词根 topo/topos 是地方的意思,也被音译为拓扑,isomer 是异构体的意思,ase 是酶的意思,topoisomerase 即为拓扑异构酶的意思。

例句 Topoisomerases are enzymes that regulate the overwinding or underwinding of DNA. 拓扑异构酶是能够调节 DNA 过旋或者欠旋的酶。

transcription [trænˈskrɪpʃən] *n* 转录

释义 以 DNA 分子为模板,在 RNA 聚合酶(polymerase)的作用下,生成 mRNA 分子的过程,是蛋白质(protein)合成的第一步。

词根 trans 是跨、转的意思,scribe 是写的意思,transcribe 即为转录的意思,其名词形式为 transcription。

例句 The product of transcription is mRNA. 转录的产物是 mRNA。

transduction [trænsˈdʌkʃən] *n* 转导作用

释义 当病毒(virus)从被感染的细胞(供体)释放出来,再次感染另一细胞(受体)时,发生在供体细胞与受体细胞之间的 DNA 转移及基因重组即为转导作用。

词根 trans 是转化的意思,duce 是生成的意思,transduce 即为转换的意思,在生物学中是转导的意思,其名词形式为 transduction,是转导作用的意思。

例句 Transduction is the process by which foreign DNA is introduced into a cell by a viral vector. 转导是通过病毒载体将外源 DNA 导入到细胞中的过程。

transfer RNA (tRNA) 转运 RNA

释义 一类 RNA 分子。在翻译(translation)过程中,能够携带特定的氨基酸(amino acid)到达核糖体(ribosome),其结构为三叶草状。

词根 trans 是转的意思,fer 是承载的意思,transfer 即为转运的意思,transfer RNA 即为转运 RNA 的意思。

例句 Organisms vary in the number of tRNA genes in their genome. 不同的有机体在它们的基因组中其 tRNA 基因的数目是不同的。

translation [træns'leʃən] *n* 翻译

释义 蛋白质(protein)合成的第二步。根据 mRNA 分子上携带的遗传信息,在核糖体(ribosome)上,tRNA 将氨基酸(amino acid)按顺序连接起来形成蛋白质的过程。

词根 trans 是转的意思,late 是带来、搬运的意思,translate 即为翻译的意思,其名词形式为 translation。

例句 Ribosomes, mRNA, amino acids and tRNA are essential for the process of translation. 对于翻译来说,核糖体、mRNA、tRNA 和氨基酸都是必不可少的。

transposase [trænspoʊ'zeɪs] *n* 转座酶

释义 具有转座功能的酶(enzyme),能将转座子(transposon)从相邻的序列中脱离出来再插入新的位点。

词根 trans 是转的意思,pose 是坐、安置的意思,ase 是酶的意思,transposase 即为转座酶的意思。

例句 Transposase binds to the DNA strand and creates a clamp over the transposon end of the DNA and inserts into the active site. 转座酶可以结合 DNA 链从而在 DNA 的转座子末端产生一个夹子并将其插入活性位点。

transposon [træns'poʊzɒn] *n* 转座子

释义 DNA 片段,可以移动至染色体(chromosome)的不同的位点上结合。

词根 trans 是转的意思,pose 是坐、安置的意思,-on 是子的意思,transposon 即为转座子的意思。

例句 Transposons can damage the genome of their host cell in different ways. 转座子可以以不同的方式损坏它们寄主细胞的基因组。

triplet code 三位密码子

释义 RNA 分子中每相邻的 3 个核苷酸(nucleotide)编成 1 组,可编码 1 个氨基酸(amino acid),称之为三位密码子。

词根 triplet 是三联体的意思,code 是密码的意思,triplet code 即为三位密码子的意思。

例句 Triplet codes are a series of three nucleotide bases forming an element of the genetic code. 三位密码子是一系列三位核苷酸,构成了基因编码的一个组分。

vector ['vɛktɚ] *n* 载体

释义 在分子生物学中,能将 DNA 片段带入其他细胞活着基因组(genome)中的物质,例如质粒(plasmid)或者病毒(virus)。

词根 源于拉丁语,是载体的意思。

例句 Artificially constructed plasmids may be used as vectors in genetic engineering. 在遗

传工程中，人工质粒可以被用作载体。

virus [ˈvaɪrəs] *n* 病毒

释义 病毒是否属于生命体还存在争论。病毒的结构很简单，只由核酸(nucleic acid)和包裹的蛋白质(protein)构成，无细胞结构，靠寄生复制。

词根 源于拉丁语，原意为黏液、毒药的意思，后被用来指代病毒。

例句 Viruses can infect all types of life forms, from animals and plants to microorganisms, including bacteria and archaea. 病毒可以感染所有的生命类型，从动物到植物，到微生物，也包括细菌和古生菌。

(61 words)

Chapter 8 Ecology

第八章 生态学

ammonification [əmɒnɪfɪˈkeɪʃn] *n* 氨化作用

释义 在氮循环中，微生物(microorganisms)分解有机含氮化合物，释放出氨的化学反应过程。例如，微生物分解动物尸体中的蛋白质(protein)生成铵离子(ammonia)的过程。

词根 ammonia 是氨的意思，ammonify 是使氨化的意思，其名词形式为 ammonification，即为氨化作用的意思。

例句 Bacteria or fungi convert the organic nitrogen into ammonium (NH_4^+), a process called ammonification. 细菌或者真菌将有机氮转化为铵离子的过程，称之为氨化作用。

autotroph [ˈɔːtətroʊf] *n* 自养生物

释义 可以利用无机化合物(inorganic compounds)来生成有机物提供营养和能量用于生存的生物。例如，绿色植物、光合细菌(bacteria)等。

词根 auto 是自动的意思，troph 是营养、滋养的意思，autotroph 即为自养生物的意思。

例句 Autotrophs can be photoautotrophs or chemoautotrophs. 自养生物可以是光合自养或者是化学自养。

biome [ˈbaɪoʊm] *n* 生物群系

释义 在具有类似气候的一些地方，由植物、动物和其他生物组成的群落系统。

词根 bio 是生物的意思，ome 是群体、群系的意思，biome 即为生物群系的意思。

例句 Biomes are distinct from habitats, because any biome can comprise a variety of habitats. 生物群系和栖息地的意思是不一样的，因为任何生物群系都含有很多栖息地。

biosphere [ˈbaɪoʊsfɪr] *n* 生物圈

释义 地球上最大的生态系统(ecosystem)，是地球所有生命体和其周围环境的总称。

词根 bio 是生物的意思，sphere 是球体、范围的意思，biosphere 即为生物圈的意思。

例句 No biospheres have been detected beyond the earth. 在地球之外，现在还没有发现生物圈。

commensalism [kəˈmenslɪzəm] *n* 共栖

释义 可以独立生存的2种生物可以以一定的关系生活在一起；一方对另一方有利或者无害；或者双方互利。

词根 com是共、同的意思，mens是桌子的意思，commensal就是共餐的、共生的意思，其名词形式为commensalism。

例句 Commensalism, in biology, is a relation between individuals of two species in which one species obtains food or other benefits from the other without either harming or benefiting the latter. 共栖在生物学中，是2个不同物种之间个体的一种关系，一个物种可以从另一个物种获得食物，而对另一个物种无害或者没有什么影响。

community [kəˈmjunɪti] *n* 群落

释义 生态系统(ecosystem)中，所有的活着的生命体(organism)的总和。

词根 communal是社会的、公共的意思，community是群体、社区、同类，在生物学中是群落的意思。

例句 In ecology, a community is an assemblage of populations of different species, interacting with one another. 在生态学中，群落是不同物种种群的组合，以及种群中间的相互作用。

competition [ˌkɑːmpəˈtɪʃn] *n* 竞争

释义 生物个体之间的一种关系，可以在种(species)间，也可在种内不同的个体中发生。个体通过牺牲对方利益来获得个人利益的行为。

词根 compete是竞争、角逐的意思，其名词形式为competition。

例句 Competition between members of a species for resources such as food, water, territory and sunlight may result in an increase in the frequency of a variant of the species best suited for survival and reproduction until its fixation within a population. 物种成员之间的竞争主要是为了资源，例如，食物、水、领地和阳光等，这会导致物种里最适应的个体的数量会增加。

consumer [kənˈsuːmə] *n* 消费者

释义 在食物链(food chain)中，不能直接获取食物，通过摄食其他生物来获取能量的有机体。大多数消费者都是动物(animal)。

词根 con是共同的意思，sum是计算的意思，consume是消费、消耗的意思，consumer即为消费者的意思。

例句 In ecology, consumers are usually animals. 在生态学中，消费者一般是动物。

decomposer [ˌdiːkəmˈpouzə] *n* 分解者

释义 一类生物，一般是微生物(microorganism)，在生态系统(ecosystem)的物质循环中起重要作用，其可以将动植物的尸体或者排泄物中所含的大分子有机物(organic compounds)分解成为植物可以直接吸收利用的无机物(inorganic compounds)。

词根 de 是解除、去掉的意思，compose 是组合的意思，decompose 是分解的意思，decomposer 即为分解者的意思。

例句 Like herbivores and predators, decomposers are heterotrophic, meaning that they use organic substrates to get their energy, carbon and nutrients for growth and development. 和食草动物、捕食者类似，分解者是异养的，它们可以利用有机物来获得能量，获得碳和营养物质来生长和发育。

denitrification [diːˌnaɪtrɪfɪ'keɪʃn] *n* 反硝化作用

释义 在微生物(microorganisms)的作用下，硝酸根(nitrate)被还原成氮气(nitrogen gas)的过程，也被称之为脱氮作用。

词根 de 是反的意思，nitro 是硝基的意思，nitrify 是硝化的意思，denitrify 是脱硝的意思，其名词形式为 denitrification。

例句 The process of denitrification is performed primarily by heterotrophic bacteria. 反硝化作用主要是由异养细菌完成的。

ecology [i'kɑːlədʒ] *n* 生态学

释义 生物学的一个分支，研究生物体与环境之间关系的科学，其环境既包括生物环境，也包括非生物环境。

词根 eco 是环境、生态的意思，ology 是学问、科学的意思，ecology 即为生态学的意思。

例句 Ecology includes the study of interactions organisms have with each other, other organisms, and with abiotic components of their environment. 生态学研究在环境中，有机体之间，以及有机体和非生物组分之间的相互作用。

ecosystem ['iːkoʊsɪstəm] *n* 生态系统

释义 在一定的范围内，生物体与生物体之间，生物体与环境之间发生物质和能量相互交换的相互作用的生态学(ecology)基本功能单位。

词根 eco 表示生态的意思，system 是系统的意思，ecosystem 即为生态系统的意思。

例句 Energy, water, nitrogen and soil minerals are some essential abiotic components of an ecosystem. 能量、水、氮和土壤的矿物质都是生态系统的非常重要的非生物成分。

habitat ['hæbɪˌtæt] *n* 生境(栖息地)

释义 生物体(organisms)所生活的有边界的地域环境。

词根 hab 即为生活、居住的意思，habitant 是居住者、居民的意思，habitat 即为居住地、栖息地的意思。

例句 A habitat is made up of physical factors such as soil, moisture, range of temperature, and light intensity as well as biotic factors such as the availability of food and the presence or absence of predators. 生境由一些物理因素构成，例如土壤、湿度、温度范围、光照等，也包括一些生物因素，例如食物的可利用性，捕食者是否存在等。

heterotroph [ˈhetərətroʊf] *n* 异养生物

释义 异养生物是针对自养生物（autotroph）而言的。不能利用无机物制造有机物，只能从环境中摄取有机物作为能量来源的生物称之为异养生物，例如动物（animal）、真菌（fungi）等。

词根 hetero是“another”的意思，即为另一个、不同的；troph表示营养的意思，heterotroph即为异养的意思。

例句 A heterotroph is an organism that cannot fix carbon to use organic carbon for growth. 异养生物无法固碳以获得有机碳用于生长。

mutualism [ˈmjuːtʃʊrlɪzəm] *n* 互惠共生

释义 两种生物在一起能够生存，并且能够使对方获利，但是如果将两种生物分开，它们都不能单独生存。

词根 mut是改变的意思，mutual是相互的意思，mutualism是互惠共生的意思。

例句 Mutualism is the symbiotic interaction between different species that is mutually beneficial. 互惠共生是指不同物种间的共生作用，它们相互之间互惠互利。

niche [niːʃ] *n* 生态位

释义 一个物种（species）在生态系统（ecosystem）中占据的时空位置及其与其他物种之间的功能关系。

词根 niche本来是筑巢、放在壁龛里的意思，生物学中指放在合适的环境中，即生态位的意思。

例句 Niche is a term describing the relational position of an organism's species in the ecosystem. 生态位用来描述在生态系统中，有机体的相对位置。

nitrification [ˌnaɪtrəfəˈkeɪʃən] *n* 硝化作用

释义 氨（ammonia）在微生物（microorganisms）作用下氧化成硝酸根（nitrate）的过程。

词根 nitrify是使硝化的意思，其名词形式为nitrification。

例句 Nitrification is the biological oxidation of ammonia or ammonium to nitrite followed by the oxidation of the nitrite to nitrate. 硝化作用是指将氨离子氧化成硝酸亚根，然后将硝酸亚根氧化成硝酸根的过程。

nitrogen fixation 固氮

释义 将氮气（nitrogen gas）转化为化合物氮的过程。在生态系统（ecosystem）的氮循环中，主要将氮气转化为铵离子（ammonia）、硝酸根（nitrate）或者亚硝酸根（nitrite）。

词根 nitrogen是氮的意思，fix是固定的意思，nitrogen fixation即为固氮的意思。

例句 Nitrogen fixation, natural and synthetic, is essential for all forms of life because nitrogen is required to biosynthesize basic building blocks of plants, animals and other life forms. 固氮,无论是自然固氮还是人工合成,对于所有的生物体都是必需的。

parasitism [ˈpærəsaɪtˌɪzəm] *n* 寄生作用

释义 两种生物生活在一起,一种生物可以得益,而另一种生物受到伤害的现象。受到伤害的生物给另一方提供营养物质和居住场所。

词根 para 是在边上的意思,sit 是食物的意思,parasite 是坐在边上吃食物,即寄生的意思,parasitism 即为寄生作用的意思。

例句 Parasitism is a non-mutual symbiotic relationship between species, where one species, the parasite, benefits at the expense of the other, the host. 寄生作用是物种间一种非双向的共生关系,其中一个物种能从另一个物种受益。

population [ˌpɑːpjuˈleɪʃn] *n* 种群

释义 在同一时间、同一地点、同一物种(species)的生物个体的总和。

词根 拉丁语中 popul 是人的意思,population 是人口、居民的意思,在生物学中是种群的意思。

例句 In ecology, the population of a certain species in a certain area is estimated using the Lincoln Index. 在生态学中,在某个区域的某个物种的种群可以用林肯指数来评估。

producer [prəˈduːsə] *n* 生产者

释义 能够给自己生产食物的生物,这是指能够利用光能或者化学能将无机物(inorganic compounds)转换成有机物(organic compounds)的生物,例如绿色植物。

词根 pro 是前进的意思,duce 是引导、产出的意思,produce 是生产的意思,producer 即为生产者的意思。

例句 In ecology, producers are usually green plants. 在生态学中,生产者一般是绿色植物。

urea [jʊˈriːə] *n* 尿素

释义 一种化学物质,是人体内的含氮废物(nitrogenous wastes),由多余氨基酸(amino acids)通过脱氨基作用后,和二氧化碳(carbon dioxide)反应生成,可随尿液(urine)排出体外。

词根 urine 是尿的意思,urea 是尿素的意思。

例句 Urea serves an important role in the metabolism of nitrogen-containing compounds by animals. 尿素在动物的含氮有机物的代谢中发挥中很重要的作用。

(22 words)

Chapter 9 Evolution
第九章 进化

adaptive radiation 适应辐射

释义 进化(evolution)的一种方式。一个物种(species),在短时间内,由于适应不同环境,形成不同的新物种,呈现出同源的辐射状的进化方式,称之为适应辐射。

词根 adaptive 是适应性的意思,radiation 是辐射的意思, adaptive radiation 即为适应性辐射的意思。

例句 A lot of research has been done on adaptive radiation due to its dramatic effects on the diversity of a population. 有大量的研究集中于适应辐射,因为它对种群的多样性有很显著的作用。

allopatric speciation 异域物种形成

释义 同一个物种(species),由于地理隔离,导致环境和选择性压力(selective pressure)的不同,最后演化成 2 个不同物种的现象。

词根 allopatric 是在不同的地方的意思,speciation 是物种形成的意思,allopatric speciation 即为异域物种形成的意思。

例句 Allopatric speciation is speciation that occurs when biological populations of the same species become vicariant, or isolated from each other to an extent that prevents or interferes with genetic interchange. 异域物种形成是物种形成的一种方式,其形成原因是因为同一物种由于地理隔离,导致其基因的相互交换受到干扰或影响。

anatomy [ə'nætəmi] *n* 解剖

释义 研究生物体形态结构及其相互关系的科学。

词根 ana 是向上的意思,tomy 是切、割的意思,anatomy 即为解剖的意思。

例句 The discipline of anatomy is divided into macroscopic and microscopic anatomy. 解剖学科分为宏观和微观两大分支。

biogeography [ˌbaɪəʊˌdʒɪ'ɒgrəfɪ] *n* 生物地理学

释义 研究生物学(biology)和地理学(geography)的交叉学科。

词根 bio 是生物的意思,geography 是地理的意思,biogeography 即为生物地理学的意思。

例句 Biogeography is the study of the distribution of species and ecosystems in geographic space and through time. 生物地理学是关于随着时间的推移，在一定的地理区域，关于物种和生态系统的分布的研究。

coevolution [koʊevəˈluʃən] *n* 共同进化

释义 进化(evolution)的一种类型。不同的物种(species)在相互影响中，朝着共同的方向不断地进化。

词根 co 是共同的意思，evolution 是进化的意思，coevolution 即为共进化的意思。

例句 In biology, coevolution occurs when changes in at least two species' genetic compositions reciprocally affect each other's evolution. 在生物学中，至少 2 个物种的基因组分的改变能影响相互的进化，这就是共同进化。

convergent evolution 趋同进化

释义 在进化(evolution)上相距甚远的 2 种生物，受相同或相似的环境和选择性压力(selective pressure)的影响，最后产生功能相同或相似的形态结构。

词根 convergent 是趋同的意思，evolution 是进化的意思，convergent evolution 即为趋同进化的意思。

例句 Convergent evolution is similar to but different from parallel evolution. 趋同进化和平行进化是相似的，又是不同的。

directional selection 定向选择

释义 在选择(selection)的过程中，把趋于某一极端的性状的个体保留下来，淘汰掉另一极端性状的个体，使种群(population)朝某一变异方向逐步改变。

词根 directional 是直向、定向的意思，selection 是选择的意思，directional selection 即为定向选择的意思。

例句 Under directional selection, the advantageous allele increases as a consequence of differences in survival and reproduction among different phenotypes. 在定向选择中，在不同的表型中，生存和生殖的不同导致的结果就是优势基因的不断累积。

divergent evolution 趋异进化

释义 同一物种(species)，在进化的过程中，由于环境(environment)和选择性压力(selective pressure)的不同，而呈现出表型差异的现象。

词根 divergent 是有分歧的意思，evolution 是进化的意思，divergent evolution 即为趋异进化的意思。

例句 Divergent evolution is the accumulation of differences between groups which can lead to the formation of new species. 趋异进化是群体间差异的累积，可以导致新物种的生成。

diversifying selection 多样性选择

释义 也称之为分裂性选择(disruptive selection)。在选择的过程中,把一个物种种群(population)中极端性状的个体按不同方向保留下来,而中间常态型个体则大为减少,这样一个物种种群就可能分裂为不同的亚种。

词根 diversify 是多样化的意思,selection 是选择的意思,diversifying selection 即为多样性选择的意思。

例句 Diversifying selection, describes changes in population genetics in which extreme values for a trait are favored over intermediate values. 多样化选择描述了在群体遗传学中的极端值的一个特征是有利于中间值的变化。

evolution [ˌɛvəˈluʃən] *n* 进化

释义 种群(population)中的遗传性状随着世代更替发生的变化,其实质是等位基因(allele)的频率发生了变化。

词根 e/ex 是出来的意思,volve 是伸展、发展的意思,evolve 即为进化的意思,其名词形式为 evolution。

例句 Evolution in organisms occurs through changes in heritable traits. 有机体随着遗传性状的变化而发生了进化。

gradualism [ˈgrædʒuəˌlɪzəm] *n* 渐进论

释义 进化学说(evolution theory)的一种理论。认为生物进化的过程是渐进式的,在自然选择(natural selection)的作用下,微小的变化逐渐累积最终导致变异和进化(evolution)的过程。

词根 gradu 是阶段的意思,gradual 是逐步、渐进的意思,ism 是主义的意思,gradualism 即为渐进论、渐进主义的意思。

例句 Gradualism is the theory which holds profound change is the cumulative product of slow but continuous processes. 渐进论是一种学说,认为物种上大的变化是缓慢而连续的小的变化过程累积而来。

parallel evolution 平行进化

释义 相似的祖先(ancestry)分化出来的后代(offspring)在进化中呈现相同的趋势。

词根 parallel 是平行的意思,evolution 是进化的意思,parallel evolution 即为平行进化的意思。

例句 Parallel evolution is the independent evolution of similar traits, starting from a similar ancestral condition. 平行进化是指类似性状的独立进化,它们从一个类似的祖先情况发展而来。

speciation [ˌspisiˈeɪʃən] *n* 物种形成

释义 在不断进化(evolution)的过程中,产生一个新的生物学物种(species)的过程。

词根 species 是物种的意思,ation 是形成的意思,speciation 即为物种形成的意思。

例句 Speciation is the evolutionary process by which reproductively isolated biological populations evolve to become distinct species. 物种形成是一种进化的过程,即生殖隔离的种群进化变成不同的物种。

stabilizing selection 稳定性选择

释义 在选择(selection)的过程中,把一个物种种群中极端性状的个体都进行排斥,而中间常态型个体则保留。

词根 stabilizing 是稳定的意思,selection 是选择的意思,stabilizing selection 即为稳定化选择的意思。

例句 Stabilizing selection is the opposite of disruptive selection. 稳定化选择和趋异化选择是相反的。

sympatric speciation 同域物种形成

释义 生存在同一地域的物种(species),由于在地域内受到环境(environment)和竞争(competition)等影响,导致最后生成新的物种。

词根 sym 是同的意思,patric 是地域的意思,sympatric 是同域的意思,speciation 是物种形成的意思,sympatric speciation 即为同域物种形成的意思。

例句 Sympatric speciation is the process through which new species evolve from a single ancestral species while inhabiting the same geographic region. 同域物种形成是指新物种生成的过程,这些新物种在同样的地理位置都是由同一个祖先物种进化而来。

(15 words)

Chapter 10 Plant

第十章 植物

abscisic acid 脱落酸

释义 一种植物激素(hormone),因其能使植物叶片脱落而得名,亦可抑制植物生长,通常简写为 ABA。

词根 abscisic 是 abscisin 的形容词形式,是脱落素的意思,acid 是酸的意思,abscisic acid 即为脱落酸的意思。

例句 Abscisic acid functions in many plant developmental processes, including bud dormancy. 脱落酸在植物的很多发育过程中都发挥作用,包括芽休眠。

angiosperm [ˌændʒɪrˌspɜm] *n* 被子植物

释义 最高级的植物种类,其特点是种子(seed)外面有果皮包被,一般具有双受精(double fertilisation)现象。

词根 angio 是包被的意思,sperm 是精子、种子的意思,angiosperm 在植物学中指被子植物。

例句 It suggests that the angiosperms diverged from the gymnosperms around 300 million years ago. 一般认为被子植物是由裸子植物在大约 3 亿年前分化而来。

anthophyta [ˈænθoʊfaɪtə] *n* 显花植物

释义 种子植物的一种类型。一般指被子植物(angiosperm),具有植物的生殖器官——花(flower)的结构。

词根 antho 是花的意思,phyta 是所属门类的意思,anthophyta 即为显花植物的意思。

例句 If you have ever stopped to smell the roses, then you are familiar with the largest group of plants, the anthophyta. 如果你曾驻足脚步去闻玫瑰的花香,那么你对植物中很大的一个门类即显花植物一定不会陌生。

apoplast pathway 质外体途径

释义 植物在运输水分时,水分通过细胞壁(cell wall)、细胞间隙等,并不通过细胞质(cytoplasm)部分的移动,阻力小,移动方式速度快。

词根 apoplast 是非原质体、质外体的意思,pathway 是途径的意思,apoplast pathway 即为质外体途径的意思。

例句 The apoplast pathway is one of the two main pathways for water transport in plants, the other being symplast pathway. 质外体途径是植物运输水分的 2 个主要的途径之一,另外一个是共质体途径。

auxin [ˈɔksɪn] *n* 生长素

释义 一种植物激素(hormone),可以调节植物的细胞分裂(cell division)分化、果实(fruit)的成熟等。

词根 源于希腊语中的 auxein,是增加的意思,在生物学中指生长素的意思。

例句 Auxins were the first of the major plant hormones to be discovered. 生长素是第一批被发现的主要的植物激素之一。

bryophyte [bˈraɪəfaɪt] *n* 苔藓类植物

释义 一种小型绿色植物,没有真正的根(root)和维管束(vascular bundle),常生活在阴暗潮湿的环境中。

词根 bryo 源于希腊语中的 bruon,是苔藓的意思,phyte 源于希腊语中的 phuta,是植物的意思,bryophyte 即为苔藓类植物的意思。

例句 Bryophytes are gametophyte dominant. 苔藓类植物是配子体占据优势。

collenchyma [kəˈleŋkɪmə] *n* 厚角组织

释义 植物组织的一种,最大的特点是细胞壁(cell wall)有不均匀的增厚,分布在茎(stem)、叶柄等的表皮内侧,起支持作用。

词根 coll 源于希腊语中的 kolla,是黏合的意思,enchyma 源于希腊语中的 enkhuma,是注入物的意思,collenchyma 在植物学中指厚角组织。

例句 Collenchyma cells are most often found adjacent to outer growing tissues. 厚角组织细胞大多数和外层生长组织相邻。

cotyledon [ˌkɒtəlˈidən] *n* 子叶

释义 植物胚的组成部分。在种子(seed)萌发时提供营养。有些植物有子叶,有些植物没有子叶。没有子叶的植物,在种子萌发时通过胚乳(endosperm)提供营养。

词根 cotyl 源于希腊语,指杯状物、小叶子的意思,cotyledon 植物学中指子叶的意思。

例句 Upon germination, the cotyledon may become the embryonic first leaves of a seedling. 在种子萌发过程中,子叶会成为幼芽的第一片叶片。

cuticle [ˈkjutɪkəl] *n* 表皮

释义 植物叶片(leaf)的最外层,没有细胞结构,是一层透明物质,用来保护叶片。

词根 源于拉丁语 cuticula,是表皮的意思。

例句 Cuticles minimize water loss and effectively reduce pathogen entry due to their waxy secretion. 植物的表皮由于会分泌蜡状物质，因此会减少水分的损失，有效防止病原体入侵。

cytokinin [ˈsaɪtoʊˈkɪnɪn] *n* 细胞分裂素

释义 一种植物激素(hormone)。可促进细胞分裂(cell division)，调节植物的生长和发育。分布在茎尖和根尖等处。

词根 cyto 是细胞的意思，kinin 在植物学中是分裂素，激动素的意思，cytokinin 即为细胞分裂素的意思。

例句 The ratio of auxin to cytokinin plays an important role in the effect of cytokinin on plant growth. 生长素对细胞分裂素的比例在细胞分裂素对植物生长的作用很重要。

dicotyledon [ˌdaɪkɑtɪˈlidən] *n* 双子叶

释义 植物的胚具有 2 个子叶，称之为双子叶植物。例如大豆(bean)和花生(pignut)等。

词根 di 是双的意思，cotyledon 是子叶的意思，dicotyledon 即为双子叶的意思。

例句 There are around 200 000 species within the group of dicotyledon plants. 大约有 20 万种不同的双子叶植物。

epicotyl [ˈepɪˌkɒtəl] *n* 上胚轴

释义 种子植物胚的组成部分之一。当种子萌发后，从子叶(cotyledon)到第一片真叶之间的部分称之为上胚轴。

词根 epi 是上面的意思，cotyl 是子叶的意思，epicotyl 指的就是子叶上面的上胚轴部分。

例句 In most plants, the epicotyl will eventually develop into the leaves of the plant. 在大多数植物中，上胚轴最终发育成了植物的叶片。

epidermis [ˌepɪˈdɜrmɪs] *n* 表皮细胞

释义 位于植物最外层的细胞，地上器官的表皮具有保护的作用，地下器官的表皮具有吸收的作用。

词根 epi 是上面的意思，dermis 是皮肤的意思，epidermis 即为表皮的意思。

例句 Epidermis forms a boundary between the plant and the external environment. 表皮细胞在植物和外界环境中形成了一道屏障。

ethylene [ˈɛθəˌlin] *n* 乙烯

释义 一种植物激素(hormone)，可以促进植物的果实(fruit)成熟，加速植物细胞的呼吸作用(respiration)。

词根 ethyl 是乙基的意思，-ene 是烯的意思，ethylene 即为乙烯的意思。

例句 Ethylene is produced from essentially all parts of higher plants, including leaves, stems, roots, flowers, fruits and seeds. 高等植物所有部分都可以产生乙烯，包括叶、茎、

根、花、果实和种子。

gibberellin [ˌdʒɪbəˈrelən] *n* 赤霉素

释义 一种植物激素(hormone)。可加速细胞的伸长,对细胞的分裂也有促进作用,提高生长素(auxin)的水平。

词根 gibbere 源于拉丁语 gibber,是隆起的意思,-in 是物质、素的意思,gibberellin 在生物学中指一种植物激素,即赤霉素的意思。

例句 Gibberellins in the seed embryo are believed to signal starch hydrolysis through inducing the synthesis of the enzyme α-amylase in the aleurone cells. 在种子的胚中,赤霉素可以通过在糊粉层细胞中促进淀粉酶的合成来促进淀粉的水解。

gravitropism [gˈrævɪtroʊpɪzəm] *n* 向重力性

释义 植物的趋向性之一。在重力的作用下,植物保持一定方向生长的特征。

词根 gravi 是重力的意思,tropism 是向性的意思,gravitropism 即为向重力性的意思。

例句 Gravitropism is an integral part of plant growth, orienting its position to maximize contact with sunlight, as well as ensuring that the roots are growing in the correct direction. 向重力性是植物生长的组成部分,通过寻找合适的位置最大程度的接触阳光,以确保根在正确的方向生长。

gymnosperm [ˈdʒɪmnəˌspɜm] *n* 裸子植物

释义 种子植物(spermatophyte)的一种。胚珠(ovule)裸露,胚乳(endosperm)在受精(fertilization)前已形成,其孢子体(sporophyte)发达。

词根 gymno 是裸露的意思,sperm 是精子、种子的意思,在植物学中 gymnosperm 即为裸子植物的意思。

例句 By far the largest group of living gymnosperms are the conifers. 到目前位置,裸子植物中最大的群体是松柏植物。

hypocotyl [ˌhaɪpəˈkɒtəl] *n* 下胚轴

释义 种子植物萌发后,从子叶(cotyledon)的着生点到根的一部分,称之为下胚轴。

词根 hypo 是下面的意思,cotyl 是子叶的意思,hypocotyl 指的是子叶下面的下胚轴部分。

例句 In some plants, the hypocotyl becomes enlarged as a storage organ. 在一些植物中,下胚轴会变大以作为贮存器官。

mesophyll [ˈmezəfɪl] *n* 叶肉细胞

释义 位于植物叶片上表皮(upper epidermis)和下表皮(lower epidermis)中间的细胞,含有大量叶绿体(chloroplast),是进行光合作用(photosynthesis)的主要细胞,包含栅栏细胞(palisade cell)和海绵细胞(spongy cell)等。

词根 meso 是中间的意思，phyll 是叶子的意思，mesophyll 即为叶子中间的部分，即叶肉细胞的意思。

例句 In most flowering plants, the mesophyll is divided into two layers: palisade layer and spongy layer. 在大多数有花植物中，叶肉细胞分成 2 层：栅栏层和海绵层。

monocotyledon [ˌmɑnoʊˌkɑtɪˈlidn] *n* 单子叶

释义 植物的胚(embryo)只具有 1 个子叶，称之为单子叶植物。大部分为草本植物，例如玉米(maize)、水稻(rice)等。

词根 mono 是单的意思，cotyledon 是子叶的意思，monocotyledon 即为单子叶的意思。

例句 The monocotyledons include about 60 000 species. 单子叶植物包括大约 6 万种。

palisade cell 栅栏细胞

释义 一种叶肉(mesophyll)细胞，主要分布在植物叶片中，细胞排列紧密，呈栅栏状，一般紧靠叶片上表皮下方，是进行光合作用(photosynthesis)的主要细胞。

词根 palisade 是栅栏的意思，cell 是细胞的意思，palisade cell 即为栅栏细胞的意思。

例句 Palisade cells contain the largest number of chloroplasts per cell, which makes them the primary site of photosynthesis in the leaves of those plants that contain them, converting the energy in light to the chemical energy of carbohydrates. 栅栏细胞含有最多的叶绿体，因此它们是光合作用最主要的位点，能够将光能转化为碳水化合物的化学能。

parenchyma [pəˈreŋkɪmə] *n* 薄壁组织

释义 由具有活的原生质体(protoplast)，初生细胞壁(cell wall)较薄的细胞构成的组织，与植物的营养活动相关，也称之为营养组织。

词根 para/par 是侧的意思，enchyma 是注入物、组织的意思，parenchyma 在植物学中是薄壁组织的意思。

例句 In plants, parenchyma is one of the three main types of the most common ground tissue. 在植物中，薄壁组织是三大最常见的基本组织之一。

periderm [ˈperəˈdɜm] *n* 周皮

释义 植物的一种次生保护组织，用于取代表皮，存在于根(root)和茎(stem)的表面。

词根 peri 是周边、四周的意思，derm 是皮肤的意思，periderm 即为周皮的意思。

例句 In woody plants, the epidermis of newly grown stems is replaced by the periderm later in the year. 在木本植物中，新生长的茎的表皮会被周皮所替代。

phloem [ˈfloʊem] *n* 韧皮部

释义 被子植物的运输组织，由筛管(sieve tube)和伴胞(companion cell)构成。其主要作用是运输糖(carbohydrate)等有机物。

词根 phlo 源于希腊语 phloos，是树皮的意思，-em 是后缀，phloem 在植物学中是韧皮部的意思。

例句 In vascular plants, phloem is the living tissue that carries organic nutrients, in particular, sucrose, a sugar, to all parts of the plant where needed. 在维管植物中，韧皮部是可以运输有机物的活组织，尤其是将蔗糖，运输到所有需要蔗糖的植物的部位去。

photoperiodism [ˌfoʊtoʊ'pɪriəˌdɪzəm] *n* 光周期现象

释义 植物对昼夜相对长度变化发生反应的现象称之为光周期现象。

词根 photo 是照片、光照的意思，periodism 是周期性的意思，photoperiodism 在植物学中是光周期现象的意思。

例句 Photoperiodism is the physiological reaction of organisms to the length of day or night. 光周期现象是机体对昼夜长度做出的生理反应。

phototropism [ˌfoʊtoʊ'troʊpɪzəm] *n* 向光性

释义 植物的生长受到光照方向的影响而引起生长趋向的现象称之为向光性。

词根 photo 是照片、光照的意思，tropism 是向性的意思，phototropism 即为向光性的意思。

例句 Phototropism is the growth of an organism which responds to a light stimulus. 向光性是机体生长对光照刺激做出的反应。

pollination ['pɑləneʃən] *n* 授粉

释义 花粉(pollen)从雄蕊的花药(anther)移动到雌蕊的柱头(stigma)的过程，称之为授粉。

词根 pollin 源于拉丁语 pollen，是花粉的意思，pollinate 是授粉的意思，其名词形式为 pollination。

例句 For the process of pollination to be successful, a pollen grain produced by the anther, the male part of a flower, must be transferred to a stigma, the female part of the flower, of a plant of the same species. 为了使授粉成功，花房产生的花粉，必须运输到同一物种植物的柱头。

radicle ['rædɪk] *n* 胚根

释义 种子植物(spermatophyte)胚的主要成分之一。当幼苗开始发育时，会发育成植物的主根。

词根 源于拉丁语 radicula，是根的意思，在植物学中，radicle 是胚根的意思。

例句 Above the radicle is the embryonic stem or hypocotyl, supporting the cotyledon. 胚根上面是胚茎或是下胚轴，支撑子叶。

sclerenchyma [sklɪ'reŋkɪmə] *n* 厚壁组织

释义 植物的支持组织，其细胞壁厚(cell wall)并且坚硬，往往没有活的原生质体，可与厚角组织(collenchyma)区分。

词根 scler 是厚的意思，enchyma 是注入物、组织的意思，sclerenchyma 即为厚壁组织的意思。

例句 Sclerenchyma cells are the principal supporting cells in plant tissues that have ceased elongation. 厚壁组织是停止生长的植物中主要的支持细胞。

sieve element 筛管分子

释义 被子植物(angiosperm)中韧皮部(phloem)负责运输有机物等养料的管状结构的基本单位。

词根 sieve 是筛的意思，element 是分子的意思，sieve element 即为筛管分子的意思。

例句 The ends of sieve elements are connected with other sieve tube members, and together they constitute the sieve tube. 筛管分子首尾相连在一起组成了筛管。

spongy cell 海绵细胞

释义 一种叶肉(mesophyll)细胞，一般位于栅栏细胞(palisade cell)下面，排列疏松，主要用于气体交换，在高光照下，也可进行光合作用(photosynthesis)。

词根 spongy 是海绵似的意思，cell 是细胞的意思，spongy cell 即为海绵细胞的意思。

例句 The spongy cells' function is to allow for the interchange of gases that are needed for photosynthesis. 海绵细胞的功能是允许光合作用需要的气体进行相互交换。

stoma [ˈstoumə] *n* 气孔

释义 植物叶片上的通气组织，由 2 个保卫细胞(guard cell)构成。保卫细胞通过一定的调节机制改变其形状以控制气孔的开关。

词根 源于拉丁语 stoma，原是口的意思，在植物学中指气孔。

例句 Stomata are present in the sporophyte generation of all land plant groups except liverworts. 气孔在所有的陆生植物的孢子体世代中都存在，除了苔藓类。

symplast pathway 共质体途径

释义 植物在运输水分时，水分从一个细胞的细胞质(cytoplasm)通过胞间连丝(plasmodesmata)进入另一个细胞的细胞质，依次运输，速度较慢。

词根 symplast 是共质体的意思，pathway 是途径的意思，symplast pathway 是共质体途径的意思。

例句 Once water reaches the endodermal cells through apoplast pathway, they are forced into the symplast pathway due to the presence of the Casparian strip. 一旦水分通过质外体途径到达了内皮层，由于凯氏带的存在，水分运输将采取共质体途径。

thigmotropism [θɪgˈmɒtrəpɪzəm] *n* 向触性

释义 植物的一种向性生长运动，由接触刺激产生。

词根 thigmo 是接触、触摸的意思，tropism 是向性的意思，thigmotropism 即为向触性的意思。

例句 Thigmotropism is a directional growth movement of curvature which occurs in response to stimulus of contact. 向触性是由于接触的刺激，植物朝一定方向发生定向生长运动。

tracheophyte [ˈtreɪkiːəˌfaɪt] *n* 维管植物

释义 具有维管组织(vascular)的植物。维管系统包括木质部(xylem)和韧皮部(phloem)，是植物的运输系统，通过管道组织运输水分和营养物质。

词根 tracheo 是气管、导管的意思，phyte 是植物属类的意思，tracheophyte 即为维管植物的意思。

例句 Tracheophytes have vascular tissues which distribute resources through the plant. 维管植物具有管状组织，以便于将养分送往植物各个部位。

transpiration [ˌtrænspəˈreʃən] *n* 蒸腾作用

释义 水分在植物叶片表面变成水蒸气蒸发到空气中的过程。水分子在叶肉细胞(mesophyll)中变成水蒸气，通过叶片的气孔(stoma)进入空气。

词根 trans 是通过的意思，spir 是呼吸的意思，transpire 即为蒸腾、蒸发的意思，其名词形式为 transpiration。

例句 The rate of transpiration is influenced by the evaporative demand of the atmosphere surrounding the leaf such as humidity, temperature, wind and incident sunlight. 蒸腾速率受到周围大气蒸发需求的影响，例如，湿度、温度、风和太阳光。

tracheid [ˈtreɪkɪɪd] *n* 管胞

释义 管胞是一种细胞，两头小，中间大，具有传输水分的作用，但是不形成导管(vessel)结构。

词根 源于拉丁语 trachea，是管胞的意思。

例句 Tracheids are elongated cells in the xylem of vascular plants that serve in the transport of water and mineral salts. 管胞是维管植物木质部中的长细胞，其作用是运输水分和盐类离子。

vessel [ˈvɛsəl] *n* 导管

释义 维管植物(vascular plants)的运输组织，由死去的导管细胞首尾相连构成的空心的管状结构，用于运输水分。

词根 源于拉丁语 vascellum，是导管的意思。

例句 Vessel elements are typically found in flowering plants but absent from most gymnosperms such as conifers. 有花植物中具有典型的导管结构，但是在大多数裸子植物，例如松柏类植物中，找不到导管组织。

xylem [ˈzaɪləm] *n* 木质部

释义 维管植物(vascular plants)的运输组织，一般由导管(vessel)、管胞(tracheid)组成，主要运输水分。同时具有支持植物体的作用。

词根 xyl 源于希腊语 xulon，是木头的意思，em 是后缀，表属性、部位，xylem 即为木质部的意思。

例句 The basic function of xylem is to transport water from roots to shoot and leaves, but it also transports some nutrients. 木质部的基本功能是将水分从根运输到叶片，但是它也能运输一部分营养物质。

(39 words)

Chapter 11 Human Physiology
第十一章 人体生理学

1. Digestion (消化)

absorption [əb'sɔːrpʃn] *n* 吸收

释义 食物分子在消化道(digestive canal)被消化成小分子后,通过消化道黏膜进入血液(blood)的过程。

词根 absorb 是吸收的意思,absorption 是其名词形式。

例句 Most of absorption of nutrients occurs in the small intestine. 大多数营养物质的吸收都发生在小肠。

amylase ['æməleɪs] *n* 淀粉酶

释义 一种蛋白酶(enzyme),可以催化淀粉(starch)分子水解为麦芽糖(maltose)。

词根 amylose 是直链淀粉的意思,ase 结尾表示酶的意思,amylase 即为淀粉酶的意思。

例句 An amylase is an enzyme that catalyses the hydrolysis of starch into sugars. 淀粉酶可以将淀粉水解成糖。

anus ['enəs] *n* 肛门

释义 消化道(digestive canal)的末端,是大肠(large intestine)与体外连接的地方,用于排便和排出废气。

词根 来自拉丁语 anus, 原义为环状物。

例句 The anus is an opening at the opposite end of an animal's digestive tract from the mouth. 肛门是动物消化管中口腔对应的另一端的开口。

bile [baɪl] *n* 胆汁

释义 一种消化液,可以乳化脂肪(fat)成小液滴,以帮助脂肪的消化。胆汁由肝脏(liver)产生,储藏在胆囊(gall bladder)中。

词根 来自于拉丁语 bilis。

例句 Bile is a dark green to yellowish brown fluid, produced by the liver of most vertebrates, that aids the digestion of lipids in the small intestine. 胆汁在大多数脊椎动物中

由肝脏产生，是一种深绿色到黄棕色的液体，在小肠中帮助消化脂肪。

cardiac sphincter 贲门括约肌

释义 贲门是食道(esophagus)和胃(stomach)的接口部分。括约肌是管腔壁的环形肌肉(muscle)，可以通过其舒张和收缩控制管腔的开放或者封闭，常受植物性神经系统(autonomic nervous system)控制。

词根 cardiac 是贲门的意思，sphincter 是括约肌的意思，所以 cardiac sphincter 是贲门括约肌的意思。需要注意的是，cardiac 还有心脏的意思。

例句 The cardiac sphincters act to close the esophagus when food is not being swallowed. 当食物没有被吞噬的时候，贲门括约肌会关闭食道。

cholecystokinin [ˌkoʊlɪˈsɪstəˈkaɪnɪn] *n* 缩胆囊素

释义 一种蛋白质(protein)分子的激素(hormone)，可促进胆囊(gall bladder)收缩，排出胆汁(bile)，也可刺激胰腺(pancreas)分泌消化酶(digestive enzyme)，由小肠(small intestine)黏膜细胞分泌。

词根 chole 是胆汁、胆的意思，cyst 是囊肿的意思，cholecyst 是胆囊的意思，cholecystokinin 是缩胆囊素的意思。

例句 The cholecystokinin can cause the release of digestive enzymes and bile from the pancreas and gallbladder. 缩胆囊素可以引起胰腺和胆囊释放消化酶和胆汁。

constipation [ˌkɑːnstɪˈpeɪʃn] *n* 便秘

释义 一种症状，常表现为排便次数减少、大便(feces)干结、排便费力等。

词根 con 是一起的意思，stipate 是按压、塞满的意思，constipate 即为便秘的意思，其名词形式就是 constipation。

例句 Because constipation is a symptom, not a disease, effective treatment of constipation may require first determining the cause. 因为便秘是一种症状，不是一种疾病，所以对于便秘的有效治疗首先需要确定便秘的原因。

diarrhea [ˌdaɪəˈriə] *n* 痢疾，腹泻

释义 一种症状，俗称“拉肚子”，表现为排便次数明显增加，且大便(feces)中水分明显增加。

词根 英式英语中为 diarrhoea，dia 是穿过的意思，rrhea 是流动的意思，diarrhea 即为腹泻的意思。

例句 About 1.7 to 5 billion cases of diarrhea occur per year. 每年大概会发生17亿～50亿次的腹泻。

digestion [daɪˈdʒɛstʃən] *n* 消化

释义 通过消化系统的运动和消化酶(digestive enzyme)的化学作用，将大块的食物和大分

子的食物，分解成可以被直接吸收(absorption)的小分子的过程，即称之为消化，分为化学消化和物理消化。

词根 di 是分开的意思，gest 是携带的意思，所以 digest 就是分解、消化的意思，其名词形式为 digestion。

例句 Gastric juice in the stomach starts protein digestion. 胃中的胃液会开始蛋白质的消化。

duodenum [duːə'diːnəm] *n* 十二指肠

释义 小肠(small intestine)的一部分，与胃(stomach)连接的那部分，是小肠的起始部分。

词根 拉丁语中 duodeni 是十二的意思，十二指肠的长度和十二个指头并拢的长度相近，所以用 duodenum 来指代十二指肠，其复数形式为 duodenums 或者 duodena。

例句 The duodenum is the first section of the small intestine in most higher vertebrates. 在大多数高等脊椎动物中，十二指肠是小肠的第一部分。

epiglottis [ˌepɪ'glɑːtɪs] *n* 会厌

释义 其主要结构为软骨(cartilage)。在消化的过程中，当吞咽食物的时候，会厌会盖住气管(trachea)，以防止食物进入呼吸道。

词根 epi 是靠近的意思，glottis 是舌头的意思，epiglottis 指的是靠近舌头部分的会厌。

例句 During swallowing, epiglottis closes to prevent aspiration. 在吞咽的过程中，会厌会关闭以防止误吸入。

esophagus [aɪ'sɑfəgəs] *n* 食道

释义 连接咽喉和胃(stomach)的器官，由肌肉(muscle)构成的管道，本身没有消化作用。

词根 美式英语中为 oesophagus，esopha 是食管的意思，esophagus 是食道的意思。

例句 The esophagus is one of the upper parts of the digestive system. 食道是上消化系统的一部分。

feces ['fisiz] *n* 粪，屎

释义 人或者动物的食物残渣排泄物。

词根 英式英语中为 faeces，来自于拉丁语 faex。

例句 Urine and feces together are called excreta. 屎和尿一起被称之为排泄物。

gallbladder ['gɔːlˌblædə] *n* 胆囊

释义 一种器官，主要功能是储存由肝脏(liver)分泌的胆汁(bile)。

词根 也写为 gall bladder。gall 是胆汁的意思，bladder 是袋、囊的意思，gallbladder 即为胆囊的意思。

例句 Humans can live without a gallbladder. 在没有胆囊的情况下，人也能生存。

gastric ['gæstrɪk] *adj* 胃的

释义 属于胃(stomach)的,影响胃的,在胃中发生的。

词根 来自于希腊语 gastēr,也就是胃的意思,其形容词形式为 gastric。

例句 Stomach secretes digestive enzymes and gastric acid to aid in food digestion. 胃分泌消化酶和胃酸以帮助消化食物。

gastrin ['gæstrɪn] *n* 胃泌激素

释义 一种胃肠激素,促进消化道平滑肌和括约肌的收缩,促进消化液的分泌。

词根 gastr 是胃的意思,gastrin 是胃分泌的东西,即胃泌激素的意思。

例句 Gastrin is released by G cells in the pyloric antrum of the stomach. 胃泌激素是由胃的幽门窦的 G 细胞释放的。

intestine [ɪn'tɛstɪn] *n* 肠

释义 是人体最大的消化器官,连接了胃(stomach)和肛门(anus)。分为大肠(large intestine)和小肠(small intestine),是消化(digestion)和吸收(absorption)食物的主要场所。

词根 inte 是内部的意思,intestine 是肠子的意思。

例句 The small intestine is the part of the gastrointestinal tract between the stomach and the large intestine. 小肠是胃和大肠之间胃肠道的一部分。

large intestine 大肠

释义 肠道的一部分。主要作用是吸收(absorption)水分和形成粪便。

词根 large 是大的意思,intestine 是肠的意思,large intestine 即为大肠的意思。

例句 Large intestine can be defined as the combination of the cecum, colon, rectum and anal canal. 大肠可以定义为盲肠、结肠、直肠和肛管的组合。

liver ['lɪvɚ] *n* 肝脏

释义 人体中重要的代谢器官,在消化系统(digestive system)中主要起分泌胆汁(bile)的作用。

词根 来自于古英语中的 lifer。

例句 A human liver normally weighs about 1.55 kg. 一个人的肝脏正常重量在 1.55 kg 左右。

microvillus [ˌmaɪkroʊ'vɪləs] *n* 微绒毛

释义 在消化系统(digestive system)中,存在于小肠(small intestine)的上皮细胞中,其直径很小,其由上皮细胞游离面的细胞膜(cell membrane)和细胞质(cytoplasm)伸出的微细指状突起组成。可以增加吸收的表面积。

词根 micro 是小的意思，villus 是绒毛的意思，microvillus 即为微绒毛的意思。

例句 Microvilli are of importance on the cell surface of white blood cells, as they aid in the migration of white blood cells. 微绒毛在白细胞的表面发挥着重要的作用，因为它们能帮助白细胞进行运动。

omnivore [ˈɑːmnɪvɔː(r)] *n* 杂食动物

释义 动物(animal)的一种，其既可以将动物作为食物，也可以将植物(plant)作为食物。将食入的动物或者植物作为营养使用，并且存在捕食行为的才称之为杂食动物。

词根 omni 是全部、所有的意思，vor 是吃的意思，omnivore 是什么都吃，即杂食动物的意思。

例句 Omnivore is a consumption classification for animals that have the capability to obtain energy and nutrients from materials originating from plant and animal origin. 杂食动物是动物在摄食上的一种分类，它们有能力从动物和植物身上获取能量和营养物质。

pancreas [ˈpæŋkriəs] *n* 胰腺

释义 人体中非常重要的分泌器官，既有外分泌(exocrine)的作用，也有内分泌(endocrine)的作用。作为内分泌腺体，其可分泌胰岛素(insulin)和胰高血糖素(glucagon)；作为外分泌腺体，其可分泌胰液，内含各种分子的消化酶，尤其是脂肪酶(lipase)，帮助食物的消化。

词根 pan 是所有的意思，creas 是增长的意思，pancreas 指的是胰腺的意思。

例句 Pancreas can act as endocrine glands and exocrine glands. 胰腺可以作为内分泌腺和外分泌腺发挥作用。

pepsin [ˈpepsɪn] *n* 胃蛋白酶

释义 一种消化蛋白酶(protease)，位于胃(stomach)中，可将蛋白质(protein)分解成不同大小的多肽(polypeptide)。

词根 pepsic 是消化的意思，pepsin 是胃部用于消化的胃蛋白酶的意思。

例句 Pepsin is an enzyme that breaks down proteins into smaller peptides. 胃蛋白酶是一种能将蛋白质分解成小肽分子的酶。

pepsinogen [pepˈsɪnədʒən] *n* 胃蛋白酶原

释义 是胃蛋白酶(pepsin)的前体物质。有胃(stomach)中的分泌细胞分泌，在胃酸的作用下，转化为胃蛋白酶。

词根 pepsin 是胃蛋白酶的意思，ogen 是来源的意思，pepsinogen 即为胃蛋白酶原的意思。

例句 Pepsinogen is converted to pepsin by autocatalysis resulting in the cleaving of the excess amino acids in the presence of hydrochloric acid. 在盐酸存在的情况下，胃蛋白酶原自催化作用切割掉多余的氨基酸后生成胃蛋白酶。

pharynx ['færɪŋks] *n* 咽

释义 人体的一个器官。其向前分别与鼻腔、口腔和喉腔相通。具有吞咽和呼吸等作用。

词根 来自于希腊语 pharunx，即咽的意思。

例句 In humans the pharynx is part of the digestive system. 在人体中，咽部是消化系统的一部分。

pyloric sphincter 幽门括约肌

释义 幽门位于胃(stomach)和小肠(small intestine)的连接处。括约肌是人体管腔壁的一种环形肌肉。幽门括约肌可以防止食物从胃直接进入到肠道。

词根 pyloric 是幽门的意思，sphincter 是括约肌的意思，pyloric sphincter 即为幽门括约肌的意思。

例句 Chyme slowly passes through the pyloric sphincter and into the duodenum of the small intestine. 食糜缓慢地通过幽门括约肌进入到小肠的十二指肠部分。

rectum ['rɛktəm] *n* 直肠

释义 大肠(large intestine)的一段，位于大肠的末端，与肛门(anus)相连。

词根 来自于拉丁语 rectum，原意为直的。

例句 The rectum is the final straight portion of the large intestine in some mammals. 在一些哺乳动物中，直肠是大肠的最后的一部分。

saliva [sə'laɪvə] *n* 唾液

释义 由唾液腺分泌，是一种无色稀薄的液体。

词根 来自于拉丁语 saliva。

例句 The enzymes found in saliva are essential in beginning the process of digestion of dietary starches and fats. 在唾液中发现的酶对于食物中淀粉和脂肪的消化的开始是必需的。

stomach ['stʌmək] *n* 胃

释义 人体重要的消化器官。胃(stomach)可通过蠕动来帮助消化，胃液呈酸性，内含消化酶(digestive enzymes)，也可帮助消化食物分子。胃是物理消化食物的重要场所。

词根 来自于法语中的 stomaque。

例句 Stomach can secrete digestive enzymes and gastric acid to aid in food digestion. 胃分泌消化酶和胃酸以帮助食物的消化。

tongue [tʌŋ] *n* 舌头

释义 人体器官，在口腔中，用来品尝食物。

词根 来自于古英语中的 tunge。

例句 The human tongue is divided into two parts, an oral part at the front and a pharyngeal part at the back. 人的舌头分成 2 部分，前面的位于口腔的部分和后面的位于咽部的部分。

ulcer ['ʌlsɚ] *n* 溃疡

释义 皮肤(skin)或者黏膜表面的溃烂或者缺损，可由各种因素引起。

词根 来自于拉丁语 ulcus。

例句 The ulcer had been troubling him for 7 years. 溃疡困扰了他 7 年。

vitamin ['vaɪtəmɪn] *n* 维生素

释义 一类有机化学物质，人体正常新陈代谢所必需，含量很低。

词根 vit 是生命的意思，amin 是氨基的意思，vitamin 即为维生素的意思，也经常音译为维他命。

例句 Some vitamins have documented side-effects that tend to be more severe with a larger dosage. 一些文献记载有些维生素具有副作用，并且如果剂量大的话，副作用很严重。

(32 words)

2. Respiration (呼吸)

alveolus [æl'viələs] *n* 肺泡

释义 肺(lung)的基本结构和功能单位，由细支气管(bronchiole)不断分支成最小的囊状小泡，由单层上皮细胞(epithelium)构成，外围包围有弹性纤维(elastic fibre)和毛细血管(capillary)。

词根 alveoli 是其复数形式，是气泡、肺泡的意思。

例句 The alveoli have extremely thin walls, each consisting of a single layer of squamous epithelial cells no more than 0.5 μm thick. 肺泡的壁很薄，每个肺泡都由单层上皮细胞构成，厚度不超过 0.5 μm。

bronchus ['brɑːŋkəs] *n* 支气管

释义 由气管(trachea)分出的 2 个分支，有左右 2 个支气管。

词根 其复数形式为 bronchi，是希腊语中气管的意思。

例句 At the base of the trachea are two bronchi. 气管的下面是两个支气管。

bronchiole ['brɒŋkɪˌoʊl] *n* 细支气管

释义 支气管(bronchus)的末梢，不断分支成的直径很小的支气管，称之为细支气管。

词根 bronchi 是支气管的意思，ole 是小的意思，bronchiole 即为细支气管的意思。

例句 Each bronchus divides many times to form smaller bronchioles. 每个支气管通过多次的分支后，形成了小很多的细支气管。

carbonic acid 碳酸

释义 一种化学物质，为弱酸。由二氧化碳(carbon dioxide)和水反应生成。可离解成氢离子和碳酸氢根。

词根 carbon 是碳的意思，acid 是酸的意思，carbonic acid 即为碳酸的意思。

例句 Carbonic acid, which is a weak acid, forms two kinds of salts, the carbonates and the bicarbonates. 碳酸是一种弱酸，能形成 2 种盐，碳酸盐和重碳酸盐。

diaphragm [daɪə'fræm] *n* 横膈膜

释义 胸腔(thoracic cavity)和腹腔(abdominal cavity)的分隔膜，可通过其上下运动而吸入或呼出气体。

词根 dia 是穿过、分隔的意思，phragm 是栏杆的意思，diaphragm 即为横膈膜的意思。

例句 The lungs are ventilated by the movement of the diaphragm and ribs. 肺部的气体交换通过横膈膜和肋骨的运动来完成。

larynx [lærɪŋks] *n* 喉

释义 呼吸系统(respiratory system)中，连接咽部(pharynx)和气管(trachea)的部分，有通气(ventilation)和发音的作用。

词根 拉丁语中 larunx 是喉的意思，larynx 的复数形式为 larynges。

例句 There are nine cartilages in our bodies, three unpaired and three paired, which support the mammalian larynx. 哺乳动物身体内有 9 个软骨，3 个成对的，3 个不成对的，来支撑其喉部。

lung [lʌŋ] *n* 肺

释义 人体的呼吸器官，左右各 1 个，共 2 个，位于胸腔(thoracic cavity)内，是由支气管(bronchus)不断分支形成的树状结构，最末端形成肺泡(alveolus)结构。

词根 古英语中 lungen 是肺的意思。

例句 The tissue of the lungs can be affected by a number of diseases, including pneumonia and lung cancer. 肺部组织能被很多疾病感染，例如肺炎和肺癌。

nasal cavity 鼻腔

释义 鼻孔内的狭长空隙，是呼吸时空气进出的腔道。内有鼻黏膜和鼻毛等，可对呼入的空气起到加湿、温热和过滤的作用。

词根 nasal 是鼻子的意思，cavity 是腔的意思，nasal cavity 即为鼻腔的意思。

例句 As air flows through nasal cavity and the trachea, it is warmed to body temperature. 当空气流经鼻腔和气管的时候，会被加热到体温。

rib [rɪb] *n* 肋骨

释义 胸腔的骨架，以保护心脏(heart)、肺(lung)等器官。

词根 古英语中 rib/ribb 是肋骨的意思。

例句 Humans have 24 ribs. 人类有 24 根肋骨。

trachea [ˈtreɪkiə] *n* 气管

释义 呼吸管道，呈圆筒形，向下分化成支气管(bronchus)，其管壁由软骨(cartilage)、肌肉(muscle)、结缔组织等构成。

词根 其复数形式为 tracheae 或者 tracheas。

例句 The trachea is a wide, hollow tube that connects the larynx to the bronchi of the lungs. 气管是一个宽的空腔，连接喉部和支气管。

(10 words)

3. Circulation(血液循环)

aorta [eɪˈɔrtə] *n* 主动脉

释义 人体最大的动脉(artery)，是体循环(systemic circulation)的动脉主干，连接于左心室(left ventricle)。

词根 来源于希腊语 aortē。

例句 The aorta originates from the left ventricle of the heart and extends down to the abdomen. 主动脉起源自心脏的左心室，然后延伸至腹腔。

arteriole [ɑrˈtɪrioʊl] *n* 细动脉

释义 细动脉为小的动脉(artery)，直径比主动脉(aorta)小，由大动脉不断分支形成。

词根 artery 是动脉的意思，arteriola 是小动脉的意思，arteriole 为细动脉的意思，要注意区分。

例句 The greatest change in blood pressure and velocity of blood flow occurs at the transition of arterioles to capillaries. 血压和血流速度最大的变化发生在小动脉到毛细血管的转化过程中。

artery [ˈɑrtəri] *n* 动脉

释义 将血液(blood)带离心脏(heart)的血管,从心室(ventricle)发出,其管壁较静脉壁要厚,弹性纤维多,抗压能力强。

词根 来源于拉丁语 arteria。

例句 While most arteries carry oxygenated blood, there are two exceptions to this, the pulmonary and the umbilical arteries. 尽管大多数动脉运输的是富氧血液,不过也有 2 个例外,分别是肺动脉和脐动脉。

atrioventricular node (AVN) 房室结

释义 是心脏(heart)电传导过程中的一个节点,位于心房(atrium)和心室(ventricle)连接处。

词根 atrioventricular 是房室的意思,node 是节点、交叉点的意思,atrioventricular node 即为房室结的意思。

例句 AVN electrically connects atrial and ventricular chambers. AVN 电连接了心房和心室。

atrium [ˈetriəm] *n* 心房

释义 位于心脏(heart)上部的空腔,分左、右 2 个。心房接受流回心脏的血液,心房中的血液经心脏收缩,将流入心室(ventricle)。

词根 源于拉丁语,其复数形式为 atria 或 atriums。

例句 The atrium is a chamber in which blood enters the heart. 心房是心脏中血液流回心脏的部分。

bicuspid valve 二尖瓣

释义 左心房(left atrium)和左心室(left ventricle)之间的瓣膜,控制血液的单向流动,即血液只能从左心房流向左心室,而不能从左心室流回左心房。因该瓣膜有 2 片构成,因此称之为二尖瓣。

词根 bi 是双的意思,cuspid 是尖头的意思,bicuspid 是有 2 个尖头、双尖的意思,valve 是瓣膜的意思,bicuspid valve 即为二尖瓣的意思。

例句 During diastole, bicuspid valve opens as a result of increased pressure from the left atrium as it fills with blood. 在舒张期,二尖瓣是开放的,导致血液流入左心房而使血压升高。

blood [blʌd] *n* 血液

释义 体液(humor)的一种,哺乳动物的血液在血管中流动,一般成红色,由血浆(plasma)和血细胞(blood cells)构成,起到运输的作用。

词根 来源于古英语 blōd。

例句 Blood is composed of blood cells suspended in blood plasma. 血液由血浆以及悬浮在

其中的血细胞构成。

blood clotting 凝血

释义 液体的血液(blood)变成不能流动的凝胶状的过程,其实质是血液中的可溶性的纤维蛋白原(fibrinogen)变成了不可溶的纤维蛋白(fibrin)。

词根 blood 是血的意思,clotting 是凝固的意思,blood clotting 即为凝血的意思。

例句 Factor 8 involves in the process of blood clotting. 因子 8 参与了血液凝集的过程。

blood pressure 血压

释义 血液(blood)流动时,对于血管管壁的压力称之为血压。通常所说的血压指的是动脉血压,分为舒张压(diastolic pressure)和收缩压(systolic pressure)。

词根 blood 是血的意思,pressure 是压强的意思,blood pressure 即为血压的意思。

例句 Blood pressure varies depending on situation, activity and disease states. 血压根据不同的情况,活动和疾病状态等会发生变化。

blood vessel 血管

释义 体内运送血液(blood)的管道,按照功能的不同分成动脉(artery)、静脉(vein)和毛细血管(capillary)。

词根 blood 是血的意思,vessel 是血管、导管的意思,blood vessel 即为血压的意思。

例句 There are three major types of blood vessels: artery, vein and capillary. 血管有 3 个主要的类型:动脉、静脉和毛细血管。

bone marrow 骨髓

释义 造血组织,位于髓腔和骨松质内。可以制造血细胞,包括红细胞(red cell)、白细胞(white cell)和血小板(platelet)。

词根 bone 是骨头的意思,marrow 是髓的意思,bone marrow 即为骨髓的意思。

例句 Bone marrow transplants can be conducted to treat severe diseases of the bone marrow, including certain forms of cancer such as leukemia. 骨髓移植可以用来治疗严重的疾病,包括一些癌症,例如白血病。

capillary ˈkæpəleri] *n* 毛细血管

释义 最小的血管(blood vessel),连接微动脉和微静脉,其管壁由单层细胞构成,并且管壁中有空隙,以便于血液(blood)和组织细胞之间进行物质交换。

词根 拉丁语中 capillus 是毛发的意思,capillary tube 是毛细血管的意思,也简称为 capillary。

例句 A capillary is an extremely small blood vessel located within the body tissues. 毛细血管是位于体内的极小的血管。

cardiac ['kɑrdiæk] *adj* 心脏的

释义 表示心脏(heart)的,与心脏有关的。

词根 cardia 指胃贲门的意思,cardiac 是心脏的意思,注意区分。

例句 Cardiac cycle includes atrial systole, ventricular systole and diastole. 心脏周期包括心房收缩期、心室收缩期和舒张期。

coronary artery 冠状动脉

释义 给心脏(heart)供应血液的动脉(artery),称之为冠状动脉,位于心脏表面。

词根 coronary 是冠状结构的意思,artery 是动脉的意思。Coronary artery 即为冠状动脉的意思。

例句 Coronary arteries supply blood to the heart muscle. 冠状动脉给心脏肌肉提供血液。

diastole [daɪ'æstəli] *n* 心脏舒张期

释义 心动周期(cardiac cycle)的一个阶段。在心脏舒张期,心房(atrium)和心室(ventricle)都处于休息状态,血液(blood)从静脉(vein)流回到心房。

词根 dia 是分开的意思,stole 是放置的意思,diastole 指的是舒张开来,生物学里指心脏的舒张期。

例句 During diastole, both atria and ventricles relax. 在心脏舒张期,心房和心室都处于放松状态。

electrocardiogram (EKG) [ɪˌlektroʊ'kɑrdioʊgræm] *n* 心电图

释义 一种技术手段,可以利用心电图机从体表记录心脏心动周期(cardiac cycle)所产生的电活动变化图形。

词根 electro 是电子的意思,cardio 是心脏的意思,gram 是图画、图片的意思,electrocardiogram 即为心电图的意思。

例句 An electrocardiogram is a painless test that measures your heart's electrical activity. 心电图是一种无痛的测试,可以测量心脏的电活动。

erythrocyte [ɪ'rɪθrəˌsaɪt] *n* 红血球

释义 血细胞的一种,呈红色,因此也称之为红血球或者红细胞。人体的红细胞没有细胞核(nucleus),呈两面凹状,含有血红蛋白(hemoglobin),其作用是结合并且运输氧气。

词根 erythro 是赤、红的意思,cyte 是细胞的意思,erythrocyte 即为红血球、红细胞的意思。

例句 The cytoplasm of erythrocyte is rich in hemoglobin. 红血球的细胞质中富含血红蛋白。

fibrin ['faɪbrɪn] *n* 纤维蛋白

释义 当血液(blood)凝集时生成的一种白色的不溶性的纤维状蛋白质(protein)。

词根 fibre/fibr 是纤维的意思,in 是在内部、在内的意思,fibrin 即为纤维蛋白的意思。

例句 Fibrin forms long strands of tough insoluble protein that are bound to the platelets. 纤维蛋白形成与血小板结合的不溶性的坚韧的蛋白质长链。

fibrinogen [faɪ'brɪnədʒən] *n* 纤维蛋白原

释义 血液中存在的一种蛋白质,在凝血过程中,可转化为纤维蛋白(fibrin)。

词根 fibre/fibr 是纤维的意思,in 是在内部、在内的意思,ogen 是原的意思,fibrinogen 即为纤维蛋白原的意思。

例句 Fibrinogen levels can be measured in venous blood. 静脉血中纤维蛋白原的水平可以被测量。

hemoglobin ['himəˌglobɪn] *n* 血红蛋白

释义 一种蛋白质(protein),存在于红细胞(red cell)中,可以结合氧气。在不同的氧分压下结合氧气的能力不同,因此被用作载体来运输氧气。同时也可结合一氧化碳(carbon monoxide),二氧化碳(carbon dioxide)等其他分子。

词根 hemo 是血的意思,globin 是球蛋白的意思,hemoglobin 即为血红素、血红蛋白的意思。

例句 Hemoglobin is involved in the transport of other gases, such as carbon dioxide. 血红蛋白参与了其他气体的运输,例如二氧化碳。

hepatic [hɪ'pætɪk] *adj* 肝的

释义 表示肝脏(liver)的,和肝脏有关系的。

词根 hepar 是肝的意思,其形容词形式为 hepatic。

例句 Liver is connected to two large blood vessels: the hepatic artery and the portal vein. 肝脏连接了 2 个大血管:肝动脉和门静脉。

leukocyte ['lukəˌsaɪt] *n* 白血球

释义 血细胞的一种,又称之为白细胞。其主要作用为免疫(immunity)。是一类细胞的总称,例如包括淋巴细胞(lymphocyte)、嗜中性粒细胞(neutrophil)、巨噬细胞(macrophage)、单核细胞(monocyte)等。

词根 leuko 是白色的意思,cyte 是细胞的意思,leukocyte 即为白细胞、白血球的意思。

例句 Leukocytes are the cells of the immune system that are involved in protecting the body against both infectious disease and foreign invaders. 白血球属于免疫系统的细胞,参与保护身体,与传染性疾病和病原体做斗争。

lymphocyte ['lɪmfəˌsaɪt] *n* 淋巴细胞

释义 免疫细胞，属于白细胞(white cell)的一种，由骨髓(bone marrow)产生。淋巴细胞的主要作用就是免疫。分为B淋巴细胞和T淋巴细胞。

词根 lymph是淋巴、淋巴结的意思，lympho是淋巴的、淋巴管的意思，cyte是细胞的意思，lymphocyte即为淋巴细胞的意思。

例句 Lymphocytes can be identified by their large nucleus. 淋巴细胞可以通过它们的大细胞核来鉴别。

myocardium [ˌmaɪəˈkɑdɪrm] *n* 心肌层

释义 心脏壁的主要成分，主要由心肌纤维构成。

词根 myo是肌肉的意思，cardium为心脏的意思，myocardium即为心肌层的意思，其复数形式为myocardia。

例句 The myocardium is the muscle tissue of the heart, and forms a thick middle layer between the outer epicardium layer and the inner endocardium layer. 心肌层是心脏的肌肉组织，是位于心内膜层和外膜层之间的中间厚层。

plasma [ˈplæzmə] *n* 血浆

释义 血液(blood)的组成部分，主要成分为水，还包括可溶性蛋白、离子、激素(hormone)等。

词根 plas是形成的意思，plasm是血浆的意思，一般用其复数形式plasma。

例句 Plasma also serves as the protein reserve of the human body. 血浆可以作为人体蛋白的储存库。

platelet [ˈpletlɪt] *n* 血小板

释义 血细胞(blood cell)的一种，无细胞核(nucleus)。其功能是帮助止血，也参与血栓形成。

词根 plate是板的意思，let是小的意思，platelet即为小板、血小板的意思，亦作thrombocyte。

例句 Platelets are found only in mammals. 血小板只在哺乳动物中存在。

prothrombin [proʊˈθrɒmbɪn] *n* 凝血酶原

释义 一种凝血因子，蛋白质(protein)，是凝血酶的前身物质。

词根 prothrom是凝血酶的意思，prothrombin是凝血素、凝血因子的意思。

例句 Prothrombin is proteolytically cleaved to form thrombin in the coagulation cascade, the clotting process. 在凝血过程的级联过程中，凝血酶原可以形成凝血酶。

red blood cell 红细胞

释义 即红血球，见上。

词根 erythrocyte的俗称。

例句 Because of the lack of nuclei and organelles, mature red blood cells do not contain DNA and cannot synthesize any RNA, and consequently cannot divide and have limited repair capabilities. 由于成熟的红细胞缺乏细胞核和细胞器，不含有 DNA，也无法合成 RNA，导致它们不能分裂，限制了它们的自我修复能力。

semilunar valve 半月瓣

释义 主要作用为防止血液(blood)回流，因其性状类似于半月，所以称之为半月瓣。

词根 semi 是半的意思，lunar 是月的意思，valve 是瓣的意思，semilunar valve 即为半月瓣的意思。

例句 The semilunar valves are two valve structures that sit between the right ventricle and the pulmonary artery and between the left ventricle and the aorta. 半月瓣由两片瓣状结构构成，位于右心室和肺动脉之间，以及左心室和主动脉之间。

sinoatrial node (SAN) 窦房结

释义 是心脏节率性跳动的起搏点。位于右心房(right atrium)外膜上。

词根 sino/sinus 是窦道的意思，atrial 是心房是意思，node 是结的意思，sinoatrial node 即为窦房结的意思。

例句 The sinoatrial node was first discovered by a young medical student. 窦房结是由一个年轻的医学学生第一次发现的。

systole [ˈsɪstəli] *adj* 收缩期

释义 心动周期(cardiac cycle)的阶段，分为心房收缩期和心室收缩期。在心房收缩期，心房(atrium)收缩，血液从心房流入心室(ventricle)；在心室收缩期，心室收缩，血液从心室流向动脉(artery)。

词根 源于希腊语 sustolē，是收缩的意思。

例句 During atrial systole, blood flows from atria to ventricles. 在心房收缩期，血液从心房流到心室。

thrombocyte [ˈθrɒmbəˌsaɪt] *n* 血小板

释义 一种血细胞(blood cell)，位于血液(blood)中，由骨髓(bone marrow)产生，具有凝血(blood clotting)的作用。

词根 thrombo 是凝血的意思，cyte 是细胞的意思，thrombocyte 即为凝血细胞、血小板的意思。

例句 Thrombocytes are essential for blood clotting. 血小板对于凝血来说是必需的。

thromboplastin [ˌθrɒmbəˈplæstɪn] *n* 促凝血酶原激酶

释义 一种与血液凝固(blood clotting)相关的因子。

词根 thrombo 是凝血的意思，plastin 是网质、网素的意思，thromboplastin 即为组织促凝血酶原激酶、凝血致活酶。

例句 Phospholipid is available as an independent reagent or in combination with tissue factor as thromboplastin. 磷脂可以作为独立的分子来结合促凝血酶原激酶。

thrombus [ˈθrɒmbəs] *n* 血栓

释义 在血管内壁上形成的小块，阻碍血液流动。一般的血栓由沉积的血小板(platelet)、死细胞、纤维蛋白(fibrin)等构成。

词根 源于希腊语中的 thrombos，是血块的意思。

例句 There are two components to a thrombus: aggregated platelets that form a platelet plug, and a mesh of cross-linked fibrin protein. 血栓有 2 种成分：聚集的血小板和纤维蛋白网。

tricuspid valve 三尖瓣

释义 右心房(right atrium)和右心室(right ventricle)之间的瓣膜(valve)，控制血液的单向流动，即血液只能从右心房流向右心室，而不能从右心室流回右心房。因该瓣膜由 3 片构成，因此称之为三尖瓣。

词根 tri 是三的意思，cuspid 是尖锐物品、尖状物的意思，valve 是瓣的意思，tricuspid valve 即为三尖瓣的意思。

例句 Tricuspid exists between right atrium and right ventricle. 三尖瓣存在于右心房和右心室之间。

vein [veɪŋ] *n* 静脉

释义 将血液(blood)带回心脏(heart)的血管(blood vessel)，称之为静脉，最终静脉连接到心房(artium)。静脉壁较动脉壁要薄，内部有半月瓣(semilunar valve)结构，以防止血液回流。

词根 源于法语 veine，是血管、静脉的意思。

例句 The wall of veins is thinner than that of arteries. 静脉壁要比动脉壁薄。

vena cava 腔静脉

释义 人体最大的静脉(vein)，分为上腔静脉和下腔静脉。将身体的静脉血，流回心脏(heart)。

词根 源于拉丁语，字面意思是“空的静脉”，即腔静脉的意思。

例句 Vena cava is the largest vein in the body. 腔静脉是身体中最大的静脉。

ventricle [ˈventrɪkəl] *n* 心室

释义 位于心脏(heart)下部的 2 个空腔，分为左、右心室。通过心室的收缩，将血液运输到动脉(artery),左心室将血液输送到全身各处,右心室将血液输送到肺部(lung)。左心室壁较右心室壁要厚一些。

词根 ventr 是腹部、内部的意思,ventricle 即为心室的意思。

例句 Right ventricle pumps blood to the lungs. 右心室将血液泵到肺部。

venule ['venjul] *n* 小静脉

释义 即小的静脉(vein),起于毛细血管(capillary),在回心过程中,逐渐汇合成较大的静脉,最终汇成腔静脉流回心脏(heart)。

词根 源于拉丁语 venula,从 vein 演变而来,指小静脉。

例句 Many venules unite to form a vein. 许多小静脉连接在一起形成了静脉。

(39 words)

4. Endocrine (内分泌)

adrenaline [ə'drɛnəlɪn] *n* 肾上腺素

释义 由肾上腺(adrenal gland)分泌的一种激素(hormone)。能使人呼吸(respiration)加快,血液流动加快,心跳加速。

词根 ad 是上的意思,renal 是肾脏的意思,ine 是素的意思,adrenaline(亦作 adrenalin)即为肾上腺素的意思。

例句 Adrenaline plays an important role in the fight-or-flight response. 肾上腺素在应激反应中发挥着重要作用。

adrenal cortex 肾上腺皮质

释义 构成肾上腺外层的内分泌(endocrine)组织,可分泌肾上腺皮质激素(hormone)。

词根 adrenal 是肾上腺的意思,cortex 是皮层、表层的意思,adrenal cortex 即为肾上腺皮质的意思。

例句 The adrenal cortex comprises three main layers. 肾上腺皮质由 3 层构成。

adrenal medulla 肾上腺髓质

释义 位于肾上腺中心部分的组织,可分泌产生肾上腺素(adrenaline)。

词根 adrenal 是肾上腺的意思,medulla 源于拉丁语,是骨髓的意思,adrenal medulla 即为肾上腺髓质的意思。

例句 Adrenal medulla is located at the center of the gland, being surrounded by the adrenal cortex. 肾上腺髓质位于腺体的中间,被肾上腺皮质所包裹。

adrenocorticotropic hormone (ACTH) 促肾上腺皮质激素

释义 由垂体(pituitary)分泌,能够促进肾上腺皮质的发育和功能。

词根 adreno 是促肾上腺的意思,cortico 是皮的意思,tropic 是地方、地带的意思,hormone 是荷尔蒙、激素的意思,adrenocorticotropic hormone 即为促肾上腺皮质激素的意思。

例句 ACTH stimulates secretion of glucocorticoid steroid hormones from adrenal cortex cells. 促肾上腺皮质激素刺激肾上腺皮质细胞分泌糖皮质甾醇激素。

androgen [ˈændrədʒən] n 雄激素

释义 由雄性性腺(sex gland)分泌的激素(hormone),尤指睾丸(testis)分泌的睾酮(testosterone),起维持雄性正常生理功能,维持第二性征等作用。需要注意的是,女性体内也会分泌雄激素。

词根 andro 是男性的意思,gen 是质、原的意思,androgen 即为雄性激素的意思。

例句 Androgens increase in both boys and girls during puberty. 雄激素的水平在青春期的男孩和女孩都会增加。

antidiuretic hormone (ADH) 抗利尿激素

释义 由下丘脑(hypothalamus)分泌的一种激素(hormone),由垂体(pituitary)释放出来,其作用是在尿液(urine)形成的过程中,通过提高远曲小管和收集管(collecting duct)对水的通透性,促进对水的重吸收,从而起到浓缩尿液的作用。

词根 anti 是拮抗的意思,diuretic 是利尿的意思,hormone 是激素的意思,antidiuretic hormone 即为抗利尿激素的意思。

例句 ADH's two primary functions are to retain water in the body and to constrict blood vessels. 抗利尿激素的 2 个主要功能是维持身体水分和收缩血管。

calcitonin [ˌkælsəˈtounɪn] n 降血钙素

释义 由甲状腺(thyroid)分泌的一种激素(hormone),其作用是降低血钙。

词根 calci 是钙的意思,tonic 是调节、补养的意思,in 是素的意思,calcitonin 即为降血钙素的意思。

例句 Calcitonin acts to reduce blood calcium, opposing the effects of parathyroid hormone. 降血钙素能够降低血钙,与甲状旁腺素的作用相反。

ecdysone [ekdɪˌsoun] n 蜕皮激素

释义 节肢动物前胸腺产生的能诱发蜕皮和变形的激素(hormone)。

词根 ecdys 是蜕皮的意思,one 是激素的意思,ecdysone 即为蜕皮激素的意思。

例句 Ecdysone is secreted from the prothoracic glands. 蜕皮激素由前胸腺分泌。

endocrine ['endəkrɪn] *n* 内分泌

释义 一些器官可以分泌激素(hormone),进入血液(blood),运输到身体其他部位发挥作用的一种现象,称之为内分泌。

词根 endo 是内部的意思,crine 是筛下、落下的意思,endocrine 即为内分泌的意思。

例句 The major endocrine glands include the pineal gland, pituitary gland, pancreas, ovaries, testes, thyroid gland, parathyroid gland, hypothalamus and adrenal glands. 主要的内分泌腺包括松果体、垂体、胰腺、卵巢、睾丸、甲状腺、甲状旁腺、下丘脑和肾上腺。

epinephrine [ˌepə'nefrɪn] *n* 肾上腺素

释义 由肾上腺(adrenal gland)分泌的一种激素(hormone)。能使人呼吸加快,血液流动加快,心跳加速。

词根 epi 是在上面的意思,nephr 是肾的意思,ine 是激素的意思,所以 epinephrine 是肾上腺素的意思。

例句 Epinephrine is primarily a medication and a hormone. 肾上腺素是一种药物也是一种激素。

estrogen ['ɛstrədʒən] *n* 雌激素

释义 主要由卵巢(ovary)分泌的一种性激素(sex hormones)。促进生殖器官的发育,在月经周期(menstrual cycle)中可增厚子宫内膜(endometrium)。男性体内也可分泌雌激素。

词根 estro 是雌性的意思,gen 是激素的意思,estrogen 即为雌性激素的意思。

例句 Estrogen is responsible for the development and regulation of the female reproductive system and secondary sex characteristics. 雌激素在雌性生殖系统和第二性征的发育和调解中发挥着作用。

follicle-stimulating hormone (FSH) 卵泡刺激素

释义 由垂体(pituitary)分泌的一种促性腺激素(gonadotrophin),能够促进卵巢(ovary)中卵泡(follicle)的发育,促进卵巢分泌雌激素(estrogen)。

词根 follicle 是卵泡的意思,stimulating 是刺激的意思,hormone 是激素的意思,follicle-stimulating hormone 即为卵泡刺激素的意思。

例句 FSH can stimulate the development of follicles. 卵泡刺激素促进了卵泡的发育。

glucagon ['glukəˌgɒn] *n* 胰高血糖素

释义 由胰腺(pancreas)分泌的一种激素(hormone),可通过促进糖原(glycogen)分解等方式,升高血液中葡萄糖(glucose)的浓度。

词根 gluc 是甜的、糖的意思,agon 是导致、带来的意思,glucagon 即为导致血糖升高的胰高血糖素的意思。

例句 Glucagon and insulin are part of a feedback system that keeps blood glucose levels at a stable level. 胰高血糖素和胰岛素是反馈系统的一部分，能够维持血糖在一个稳定的水平。

glucocorticoid [ˌglukoʊˈkɔtɪˌkɔɪd] *n* 糖皮质激素

释义 又名肾上腺皮质激素。可调节糖(carbohydrate)、脂肪(fat)、蛋白质(protein)等分子的代谢过程。

词根 gluco 是糖的意思，cortico 是皮质的意思，oid 是激素的意思，glucocorticoid 即为糖皮质激素的意思。

例句 Glucocorticoids are part of the feedback mechanism in the immune system which reduces certain aspects of immune function, such as reduction of inflammation. 糖皮质激素是免疫系统反馈机制的一部分，能够降低免疫功能的某些作用，例如降低炎症反应。

hypothalamus [ˌhaɪpoˈθæləməs] *n* 下丘脑

释义 重要的神经系统(nervous system)中心和内分泌系统(endocrine system)的中心，作为内分泌系统的中心，其能分泌激素(hormone)调节垂体(pituitary)的功能，例如分泌促性腺激素释放激素(GnRH)、促甲状腺激素释放激素(TRH)等。

词根 hypo 是下的意思，thalamus 是丘脑的意思，hypothalamus 即为下丘脑的意思。

例句 The hypothalamus is responsible for certain metabolic processes and other activities of the autonomic nervous system. 下丘脑在某些代谢过程和自主神经系统的活性上发挥作用。

insulin [ˈɪnsəlɪn] *n* 胰岛素

释义 由胰腺(pancreas)分泌的一种激素(hormone)，具有降低血糖(blood glucose level)的作用。胰岛素的缺乏可以导致糖尿病(diabetes)。

词根 insul 是岛的意思，in 是激素的意思，insulin 即为胰岛素的意思。

例句 Glucose production by the liver is strongly inhibited by high concentrations of insulin in the blood. 血液中高浓度的胰岛素能够强烈抑制肝脏中葡萄糖的产生。

islets of Langerhans 胰岛

释义 胰腺(pancreas)结构的一部分，属于胰腺的内分泌(endocrine)部分，分泌产生胰岛素(insulin)。

词根 islet 是小岛的意思，Langerhans 是最早发现和描述胰岛的德国解剖学家 Paul Langerhans，因此胰岛也以他的名字命名，被称为朗格汉斯氏岛。

例句 Islets of Langerhans are the regions of the pancreas that contain endocrine cells, discovered in 1869 by German pathological anatomist Paul Langerhans. 胰岛是胰腺中内分

泌细胞的区域,在1869年被德国病理解剖学家Paul Langerhans发现。

luteinizing hormone (LH) 黄体生成素

释义 由垂体(pituitary)分泌的一种激素(hormone),属于促性腺激素(gonadotrophin)的一种。在女性排卵(ovulation)过程中,是必不可少的激素。在男性中,可促进睾丸(testis)间质细胞(leydig cell)的发育。

词根 lutein是叶黄素、黄体素的意思,ize是使生成的意思,luteinize是使成黄体的意思,hormone是激素的意思,luteinizing hormone即为黄体生成素。

例句 In males, LH stimulates leydig cell to produce testosterone. 在男性中,黄体生成素刺激间质细胞产生睾酮。

melatonin [ˌmelə'toʊnɪn] *n* 褪黑素

释义 由松果体(pineal gland)分泌的一种激素(hormone),可以调节免疫(immune)功能,调节人体睡眠周期等。

词根 mela是黑色的意思,tonin是调色的意思,melatonin即为褪黑素的意思。

例句 In animals, melatonin is a hormone that anticipates the daily onset of darkness. 在动物中,褪黑素是能够感知昼夜的激素。

norepinephrine [ˌnɔepə'nefrɪn] *n* 去甲肾上腺素

释义 由肾上腺(adrenal gland)分泌,其作用为交感神经(sympathetic nerve)递质,有收缩血管、升高血压(blood pressure)的作用。

词根 nor是降、去的意思,epinephrine是肾上腺素的意思,norepinephrine即为降肾上腺素、去甲肾上腺素的意思。

例句 Norepinephrine release is lowest during sleep, rises during wakefulness, and reaches much higher levels during situations of stress or danger. 去甲肾上腺素在睡觉时释放的水平最低,在失眠时上升,并且在压力和危险情况下达到更高水平。

gland [glænd] *n* 腺体

释义 指体内能产生特殊物质的组织,一般指能产生激素(hormone)的组织,也可指外分泌(exocrine)的组织(tissue)或者器官(organ)。

词根 源于法语中的glande。

例句 Every gland is formed by an ingrowth from an epithelial surface. 每个腺体都是由一个上表皮的内生长造成的。

gonadotrophin [ˌgɒnədoʊ'trɒpɪn] *n* 促性腺激素

释义 由垂体(pituitary)分泌,作用于性腺(sex gland),控制调节性腺分泌性激素(sex hormone),也可以作用于性腺调节其功能。

词根 gonado 是生殖腺、性腺的意思，tropin/trophin 是调理素的意思，gonadotrophin 即为促性腺激素的意思。

例句 Gonadotrophin includes follicle-stimulating hormone (FSH), luteinizing hormone (LH), human chorionic gonadotropin (hCG) and equine chorionic gonadotropin (eCG). 促性腺激素包括卵泡刺激素、黄体生成素、人绒毛膜促性腺激素以及马绒毛膜促性腺激素。

gonadotropic-releasing hormone (GnRH) 促性腺激素释放激素

释义 由下丘脑(hypothalamus)分泌，作用于垂体(pituitary)，控制调节垂体分泌促性腺激素(gonadotrophin)。

词根 gonadotropic 是促性腺激素的意思，releasing 是释放的意思，hormone 是激素的意思，gonadotropic-releasing hormone 即为促性腺激素释放激素的意思。

例句 GnRH activity is very low during childhood, and is activated at puberty. 促性腺激素释放激素的活性在儿童期是很低的，在青春期被激活。

growth hormone (GH) 生长激素

释义 由垂体(pituitary)产生的激素(hormone)，能够促进组织的生长，促进机体代谢和蛋白质(protein)的合成等。

词根 growth 是生长的意思，hormone 是激素的意思，growth hormone 即为生长激素的意思。

例句 GH is a stress hormone that raises the concentration of glucose and free fatty acids. 生长激素是一种应激激素，能够提升葡萄糖和自由脂肪酸的浓度。

osmoregulation [ˌɒzmoʊˌregjəˈleɪʃən] *n* 渗透调节

释义 在环境的影响下，机体通过分泌激素(hormone)等方式来调节机体适应水分胁迫环境的过程。

词根 osmo 是渗透的意思，regulation 是调节的意思，osmoregulation 即为渗透调节的意思。

例句 Kidneys play a very big role in human osmoregulation by regulating the amount of water reabsorbed from glomerular filtrate in kidney tubules. 肾脏通过在肾小管中调节水的重吸收，从而在人体的渗透调节中发挥很大的作用。

oxytocin [ˌɒksɪˈtoʊsɪn] *n* 催产素

释义 由下丘脑(hypothalamus)产生，其作用为在分娩时引起子宫(uterus)收缩，刺激乳汁(breast milk)排出。

词根 oxy 是突然的意思，toc 是生产的意思，in 是物质的意思，oxytocin 即为催产素的意思。

例句 Oxytocin receptors are expressed by neurons in many parts of the brain and spinal cord. 催产素的受体在脑和脊髓的很多部分的神经元中都有表达。

pancreas [ˈpæŋkriəs] *n* 胰腺

释义 重要的人体器官。作为外分泌腺(exocrine gland),可以分泌产生胰液(pancreatic juice),进入小肠(small intestine),帮助消化(digestion);作为内分泌腺(endocrine gland),分泌产生胰岛素(insulin),有降低血糖的作用。

词根 pan 是所有的意思,creas 是生长、创造的意思,pancreas 指的是胰腺的意思。

例句 Pancreas is found behind the stomach. 胰腺在胃的后面。

parathormone [ˌpærəˈθɔmoʊn] *n* 甲状旁腺素

释义 由甲状旁腺(parathyroid gland)分泌,其作用为调节体内钙和磷的代谢。

词根 也做 parathyroid hormone。para 是辅助的、旁边的意思,thyroid 是甲状腺的意思,hormone 是激素的意思,parathormone 即为甲状旁腺素的意思。

例句 Parathormone is a hormone secreted by the parathyroid glands, which is important in bone remodeling. 甲状旁腺素是由甲状旁腺分泌的激素,在骨骼重构中很重要。

pheromone [ˈferəmoʊn] *n* 外激素

释义 指释放到生物体外之后发挥作用的激素(hormone)。动物可以通过释放外激素和其他个体产生交流和传递信号。

词根 phero 是运输、传达的意思,mone 是激素的意思,pheromone 即为信息素、外激素的意思。

例句 Male animals may emit pheromones that convey information about their species and genotype. 雄性动物会释放外激素,以传递关于它们物种和基因型的信息。

pituitary [pɪˈtuəteri] *n* 垂体

释义 由腺垂体和神经垂体构成,是身体最重要的内分泌(endocrine)器官。

词根 来源于拉丁语 pituitarius,是内部分泌黏液的意思,即垂体。

例句 The pituitary gland, in humans, is a pea-sized gland. 在人体中,垂体是一个豆状大小的腺体。

anterior pituitary 垂体前叶

释义 为腺垂体,是身体最重要的内分泌(endocrine)器官,可以分泌多种激素,包括促性腺激素(gonadotrophin)、促甲状腺素(thyroid-stimulating hormone)、生长激素(grow hormone)、促肾上腺皮质激素(adrenocorticotropic hormone)等。

词根 anterior 是位于前部的意思,pituitary 是垂体的意思,anterior pituitary 即为垂体前叶的意思。

例句 The anterior pituitary regulates several physiological processes including stress, growth, reproduction and lactation. 垂体前叶调节一些生理过程,包括应激、生长、生殖

和泌乳。

posterior pituitary 垂体后叶

释义 为神经垂体，与下丘脑(hypothalamus)相连。分泌抗利尿激素(vasopressin)和催产素(oxytocin)。

词根 posterior 是位于后部的意思，pituitary 是垂体的意思，posterior pituitary 即为垂体后叶的意思。

例句 Two hormones are classically considered as being related to the posterior pituitary: oxytocin and vasopressin. 有 2 个激素被认为和垂体后叶相关：催产素和抗利尿激素。

progesterone [prə'dʒestəroʊn] *n* 孕酮

释义 由卵巢(ovary)分泌的一种孕激素，具有维持妊娠(pregnancy)的作用。

词根 pro 是之前的意思，ge 是生产的意思，sterone 是固酮的意思，progesterone 即为孕酮的意思。

例句 Progesterone has many roles relating to the development of the fetus. 孕酮在胎儿的发育中有很多作用。

testis ['tɛstɪs] *n* 睾丸

释义 男性性腺(sex gland)器官，其作用为产生雄性激素和精子(sperm)。

词根 其复数形式为 testes。

例句 The testis is the male's sex gland. 睾丸是男性的性腺。

thymosin ['θaɪməsɪn] *n* 胸腺素

释义 由胸腺(thymus)分泌的激素(hormone)。其作用为增强细胞免疫功能和调节免疫平衡。

词根 thymo 是胸腺的意思，sin 是物质、素的意思，thymosin 即为胸腺素的意思。

例句 Thymosins are small proteins present in many animal tissues. 胸腺素在很多动物组织中存在，它们是小的蛋白质。

thymus ['θaɪməs] *n* 胸腺

释义 重要的免疫器官，是 T 细胞分化、发育和成熟的场所。作为内分泌(endocrine)腺，其可以分泌胸腺激素。

词根 来源于希腊语 thumos，指胸腺。

例句 The thymus is largest and most active during the neonatal and pre-adolescent periods. 在新生儿期和青春期前，胸腺最大也最活跃。

thyroid ['θaɪˌrɔɪd] *n* 甲状腺

释义 一种内分泌(endocrine)腺，可以产生和释放甲状腺素(thyroxine)，调节机体的代谢。

词根 来源于希腊语 thureoeidēs，指甲状腺。

例句 Hormonal output from the thyroid is regulated by thyroid-stimulating hormone (TSH) secreted from the anterior pituitary. 甲状腺的激素释放受到垂体前叶分泌的促甲状腺素的调节。

thyroid-stimulating hormone (TSH) 促甲状腺素

释义 由垂体(pituitary)分泌，其作用为促进甲状腺(thyroid)的发育，促进其分泌甲状腺素(thyroxine)。

词根 thyroid 是甲状腺的意思，stimulating 是刺激的意思，hormone 是激素的意思，thyroid-stimulating hormone 即为促甲状腺素的意思。

例句 TSH stimulates the thyroid gland to secrete the hormone thyroxine, which has only a slight effect on metabolism. 促甲状腺素刺激甲状腺分泌甲状腺素，对于代谢只有轻微的影响。

thyroxine [θaɪ'rɒksɪn] *n* 甲状腺素

释义 由甲状腺(thyroid)分泌，其作用为促进物质代谢和生长发育。

词根 thyro 是甲状腺的意思，xine 是素的意思，thyroxine 即为甲状腺素的意思。

例句 The major form of thyroid hormone in the blood is thyroxine (T_4), which has a longer half-life. 甲状腺激素在血液中的主要形式是甲状腺素，其半衰期更长。

(39 words)

5. Excretion (排泄)

bladder ['blædɚ] *n* 膀胱

释义 泌尿系统(urinary system)的一个器官，上面连接输尿管(ureter)，下面连接尿道(urethra)。具有储存尿液(urine)的作用。

词根 源于古英语中的 blǣdre。

例句 Urine is collected in the bladder from the two ureters which open into the bladder at its back and connect to the kidneys. 尿液从 2 个输尿管中被收集到膀胱，输尿管是连接到肾脏的。

bowman's capsule 肾小囊

释义 肾单位(nephron)的组成部分。包围着肾小球(glomerulus)，后面连着肾小管(renal

tubule)，能对血液进行初步的过滤，形成原尿(primary urine)。

词根 bowman 是船头、船首的意思，capsule 是舱、囊的意思，肾小囊的形状类似杯口状、船头状，因此也用 bowman's capsule 来指称肾小囊。

例句 Fluids from blood in the glomerulus are collected in the Bowman's capsule and further processed along the nephron to form urine. 肾小球中血液中的液体在肾小囊中被收集，然后沿着肾单元不断加工以形成尿液。

excretion [ɪk'skriʃən] *n* 排泄

释义 专指将新陈代谢的废物排出体外的过程，例如排出尿液(urine)即是排出含氮代谢产物尿素(urea)的过程。需要注意的是，只有新陈代谢的废物排出体外才能称之为排泄。

词根 ex 是出来的意思，cret 是筛下、滤下的意思，excrete 是排泄的意思，其名词形式为 excretion。

例句 Excretion is the process by which metabolic wastes and other non-useful materials are eliminated from an organism. 排泄是从有机体内排出代谢废物和其他无用物质的过程。

glomerulus [gloʊ'merjʊləs] *n* 肾小球

释义 肾小球是血液(blood)的过滤器，其由毛细血管(capillary)袢构成。

词根 glomer 是线球的意思，glomerulus 是血管小球、肾小球的意思，其复数形式为 glomeruli。

例句 A glomerulus receives its blood supply from an afferent arteriole of the renal circulation. 肾小球是从肾循环的入球小动脉接受血液供应。

homeostasis [ˌhomio'stesɪs] *n* 体内平衡

释义 也称之为内稳态。机体控制自己体内的环境到达一个相对稳定的状态，比如恒定的体温(body temperature)，稳定的血糖(blood glucose)浓度和体内水的平衡等。

词根 homeo 是相似的意思，stasis 是静止的意思，homeostasis 即为内部平衡、内部稳定的意思。

例句 Examples of homeostasis include the regulation of the body temperature of an animal, the pH of its extracellular fluids, or the concentrations of sodium (Na^{+}) and calcium (Ca^{2+}) ions or of glucose in the blood plasma. 体内平衡的例子，包括动物体温、细胞液 pH 或者钠离子、钙离子浓度和血糖浓度的调节。

loop of Henle 亨利氏套

释义 也称之为髓袢。属于肾小管(renal tubule)的一部分，分为升支(ascending part)和降支(descending part)，周围有伴行的毛细血管(capillary)网。其主要作用为浓缩尿液

(urine)。

词根 loop 是圈、套的意思,髓袢是由德国解剖学家 Friedrich G. J. Henle 发现,故以他的名字命名,被称为亨利氏套或者海氏套。

例句 The loop of Henle's main function is to create a concentration gradient in the medulla of the kidney. 亨利氏套的主要功能是在肾脏的髓质制造一个浓度梯度。

kidney [ˈkɪdni] *n* 肾

释义 一种器官,泌尿系统(urinary system)的一部分,连接输尿管(ureter)。负责过滤血液(blood),将其中的废物通过产生尿液(urine)的方式排出体外。人体有 2 个肾。

词根 源于古英语。

例句 The kidneys are bean-shaped organs that serve several essential regulatory roles in vertebrates. 肾脏是脊椎动物中豆形的器官,发挥很多重要的调节作用。

nephron [ˈnefrɒn] *n* 肾单位

释义 肾脏(kidney)的结构和功能的基本单位,由肾小球(glomerulus)、肾小囊(bowman's capsule)和肾小管(renal tubule)构成。

词根 源于希腊语 nephros,即肾脏的意思。

例句 In humans, a normal kidney contains 800 000 to 1.5 million nephrons. 在人体中,一个正常的肾脏含有 80 万~150 万个肾单元。

podocyte [pɒdəˈsaɪt] *n* 足细胞

释义 位于肾小囊(bowman's capsule)的上皮细胞,因其形状像人体的足部,所以得名为足细胞。它构成了血液(blood)的滤过屏障。

词根 podo 是足的意思,cyte 是细胞的意思, podocyte 即为足细胞的意思。

例句 Podocytes are cells in the Bowman's capsule in the kidneys that wrap around capillaries of the glomerulus. 足细胞是肾脏中肾小囊中的细胞,它们缠绕在肾小球的毛细血管上。

reabsorption [riːəbˈsɔːpʃən] *n* 重吸收

释义 尿液(urine)形成中的重要过程,可以将肾小囊(bowman's capsule)滤过液中的有用分子,例如葡萄糖(glucose)等重新吸收回血液,更重要的是,将水分重新回血液(blood),起到浓缩血液的作用。有意思的是,重吸收也会吸收废物,例如尿素(urea)。

词根 re 是再一次的意思,absorption 是吸收的意思,reabsorption 即为重吸收的意思。

例句 In renal physiology, reabsorption is the process by which the nephron removes water and solutes from the tubular fluid and returns them to the circulating blood. 在肾脏生理学中,重吸收是肾单元从肾小管液中移出水和溶质,将它们运回到血液中。

renal ['rinəl] *adj* 肾的

释义 表示肾(kidney)的，或者和肾相关的。

词根 源于法语的 rénal。

例句 Renal physiology is the study of kidney function, while nephrology is the medical specialty concerned with kidney diseases. 肾生理是研究肾功能的，但是肾病学是研究肾脏疾病相关的医学专业。

proximal convoluted tubule 近曲小管

释义 肾小管(renal tubule)的第一部分，通过其可以重吸收葡萄糖(glucose)、氨基酸(amino acid)、钠离子(sodium ions)、水等物质。

词根 proximal 是接近的意思，convoluted 是盘曲、卷曲的意思，tubule 是细管道的意思，proximal convoluted tubule 即为近曲小管的意思。

例句 The proximal convoluted tubule is the site where majority of ions and water in the urinary space is reabsorbed back into the body. 近曲小管是将大多数水和离子重吸收回身体内的场所。

distal convoluted tubule 远曲小管

释义 肾小管(renal tubule)的一部分，通过其重吸收水。

词根 distal 是远的意思，convoluted 是盘曲、卷曲的意思，tubule 是细管道的意思，distal convoluted tubule 即为远曲小管的意思。

例句 Distal convoluted tubule is the primary site for the kidneys' hormone based regulation of calcium. 远曲小管是肾脏钙调节激素的主要作用位点。

collecting tubule 收集管

释义 肾单位(nephron)结构的一部分，在尿液(urine)的形成过程中有重吸收水分的作用。最后将尿液汇集到肾盂(pelvis)中。

词根 collecting 是收集的意思，tubule 是小管、细管的意思，collecting tubule 即为收集管的意思。

例句 Collecting tubule participates in the regulation of water and electrolytes, including sodium and chloride. 收集管参与了水和电解质的调节，包括钠和氯。

urea [jʊ'riə] *n* 尿素

释义 一种含氮的代谢废物。由多余的氨基酸(amino acids)脱去氨基后和二氧化碳(carbon dioxide)反应生成。尿素最后通过尿液(urine)排出体外。

词根 源于法语 urée。

例句 Urea serves an important role in the metabolism of nitrogen-containing compounds by animals, and is the main nitrogen-containing substance in the urine of mammals. 尿素在动物的含氮化合物的代谢中发挥重要作用，是哺乳动物尿液中主要的含氮物质。

ureter [jʊˈritə] *n* 输尿管

释义 连接肾脏(kidney)和膀胱(bladder)的管道，其功能为输送尿液(urine)。

词根 ure 是尿的意思，ureter 即为尿管的意思。

例句 In the adult, the ureters are usually 25 to 30 cm long and 3 to 4 mm in diameter. 在成年人中，输尿管长25～30厘米，其直径为3～4毫米。

urethra [jʊˈriθrə] *n* 尿道

释义 人体的一个器官，是膀胱(bladder)通往体外的管道。

词根 ure 是尿的意思，urethra 是尿道的意思。

例句 Female mammals use their urethra only for urinating, but male mammals use their urethra for both urination and ejaculation. 雌性哺乳动物的尿道只用于排尿，但是雄性哺乳动物的尿道可以用于排尿和射精。

uric acid 尿酸

释义 是鸟类和爬行类动物主要的含氮代谢废物。人体尿液(urine)中也会含少量尿酸。

词根 uric 是尿的形容词，acid 是酸的意思，uric acid 即为尿酸的意思。

例句 High blood concentrations of uric acid can lead to gout and are associated with other medical conditions including diabetes, etc. 血液中高浓度的尿酸会导致痛风并且还和其他的一些医学状况相关，例如糖尿病等。

urine [ˈjʊrən] *n* 尿液

释义 俗称小便，一种液体，含有代谢废物，例如尿素(urea)等。

词根 源于拉丁语的 urina。

例句 About 91% to 96% of urine consists of water. 尿液中91%～96%的成分都是水。

(19 words)

6. Muscle (肌肉)

actin [ˈæktɪn] *n* 肌动蛋白

释义 微丝(microfilament)的结构蛋白，可以以球状或者纤维状形式存在，帮助肌肉(muscle)进行收缩。

词根 源于希腊语中的 aktis、aktin，是束状的意思，生物学中代指肌动蛋白的意思。

例句 Actin participates in many important cellular processes, including muscle contraction, cell motility, cell division and cytokinesis. 肌动蛋白参与很多重要的细胞活动，包括肌肉收缩、细胞运动、细胞分裂和细胞质分配。

cardiac muscle 心肌

释义 肌肉的一种，构成心脏(heart)的肌层，具有自律性和传导性。

词根 cardiac 是心脏的意思，muscle 为肌肉的意思，cardiac muscle 即为心肌的意思。

例句 Cardiac muscle is one of three major types of muscle, and the others are skeletal and smooth muscle. 心肌是 3 种肌肉类型的一种，其他 2 种是骨骼肌和平滑肌。

multinucleate [ˌmʌltiˈnjukliət] *adj* 多核的

释义 在一个细胞中存在多个细胞核(nucleus)。

词根 multi 是多个的意思，nucleate 是有核的意思，multinucleate 即为多核的意思。

例句 Multinucleate cells are eukaryotic cells that have more than one nucleus per cell. 多核细胞指的是含有不止 1 个细胞核的真核细胞。

myofibril [ˌmaɪəˈfaɪbrəl] *n* 肌原纤维

释义 肌细胞(muscle fibre)含有的纤维状结构，是骨骼肌的基本单位，由粗肌丝和细肌丝组装而成。

词根 myo 是肌肉的意思，fibr 是纤维的意思，myofibril 即为肌原蛋白的意思。

例句 Myofibrils are composed of long proteins including actin, myosin, titin, and other proteins that hold them together. 肌原纤维由长蛋白构成，包括肌动蛋白、肌球蛋白、肌联蛋白和其他一些蛋白将它们聚在一起。

myosin [ˈmaɪəsɪn] *n* 肌球蛋白

释义 肌原纤维(myofibril)粗丝的组成单位，可与肌动蛋白(actin)相互作用。

词根 myo 是肌肉的意思，生物学中 myosin 是肌凝蛋白、肌球蛋白的意思。

例句 Myosins are a large family of motor proteins found in eukaryotic tissues. 肌球蛋白是在真核组织中发现的一大家族的马达蛋白。

muscle fiber 肌纤维

释义 即肌细胞，内含有肌原纤维(myofibril)，具有收缩运动的特性。

词根 muscle 是肌肉的意思，fiber 是纤维的意思，muscle fiber 即为肌纤维的意思。

例句 Skeletal muscle fibers help support and move the body. 骨骼肌纤维帮助支持身体和运动。

neuromuscular [ˌnjʊroʊˈmʌskjʊlə] *adj* 神经肌肉的

释义 表示连接神经(nerve)和肌肉(muscle)之间的。

词根 neuro 是神经的意思,muscul 是肌肉的意思,neuromuscular 即为神经肌肉的意思。

例句 A neuromuscular junction is a chemical synapse formed by the contact between a motor neuron and a muscle fiber. 神经肌肉连接是在运动神经元和肌纤维之间形成的化学突触。

sarcolemma [ˌsɑkəˈlemə] *n* 肌膜

释义 即肌纤维(muscle fibre)的细胞膜(cell membrane)。

词根 源于希腊语中的 sarx 和 lemma,分别是肌肉和外壳的意思,sarcolemma 即为肌膜的意思。

例句 Sarcolemma acts as a barrier between the extracellular and intracellular compartments, defining the individual muscle fiber from its surroundings. 肌膜作为细胞外和细胞内组分的屏障,以其包裹的范围定义了肌纤维。

sarcomere [ˈsɑkəˌmɪr] *n* 肌小节

释义 骨骼肌肌纤维(muscle fibre)结构和功能的基本单位。肌原纤维(myofibril)中相邻两条 z 线之间的一段称之为肌小节。

词根 sarco 是肌肉的意思,mere 是部分的意思,sarcomere 即为肌小节的意思。

例句 The structure of the sarcomere affects its function in several ways. 肌小节的结构在不同方式上影响了它的功能。

sarcoplasmic reticulum (SR) 肌浆网

释义 即肌纤维(muscle fibre)内特化的滑面内质网(smooth endoplasmic reticulum)。

词根 sarcoplasmic 是肌浆的意思,reticulum 是网状组织的意思,sarcoplasmic reticulum 即为肌浆网的意思,也简称为 SR。

例句 The endoplasmic reticulum synthesizes molecules, while the sarcoplasmic reticulum stores calcium ions and pumps them out into the sarcoplasm when the muscle fiber is stimulated. 内质网合成分子,但是肌浆网储存了钙离子,并在肌纤维受刺激的时候将钙离子泵出肌浆。

skeletal muscle 骨骼肌

释义 肌肉(muscle)的一种,属于横纹肌,一般多核,多分布在四肢,具有运动的作用。

词根 skeletal 是骨骼的意思,muscle 是肌肉的意思,skeletal muscle 即为骨骼肌的意思。

例句 Most skeletal muscles are attached to bones by bundles of collagen fibers known as tendons. 大多数骨骼肌都以成束的胶原纤维,即腱的方式,连接在骨头上。

smooth muscle 平滑肌

释义 肌肉的一种。非横纹肌的肌肉组织，大部分内脏的肌肉都为平滑肌，受自主神经支配。

词根 smooth 是平滑的意思，muscle 是肌肉的意思，smooth muscle 即为平滑肌的意思。

例句 Smooth muscle is found within the walls of blood vessels. 在血管壁上可以发现平滑肌。

tendon [ˈtɛndən] *n* 腱

释义 连接肌肉(muscle)和骨骼(bone)的由结缔组织构成的纤维束。

词根 源于法语或者拉丁语中的 tendon，是腱的意思。

例句 The tendons in the foot are highly complex and intricate. 脚上的腱是高度复杂的。

tropomyosin [troʊpəˈmaɪəsɪn] *n* 原肌球蛋白

释义 细肌丝中与肌动蛋白(actin)结合的蛋白。

词根 是 tropos 和 myosin 的合成词，tropos 是转变的意思，myosin 是肌球蛋白的意思，tropomyosin 即为原肌球蛋白的意思。

例句 Tropomyosins are a large family of integral components of actin filaments that play a critical role in regulating the function of actin filaments. 原肌球蛋白是一大家族的肌动蛋白丝的整合成分，在调节肌动蛋白丝的功能上发挥了关键作用。

troponin [ˈtroʊpənɪn] *n* 肌钙蛋白

释义 肌肉(muscle)的调节蛋白质(protein)。可以与原肌肉蛋白(tropomyosin)结合，参与钙控制的肌肉收缩。

词根 是 tropomyosin、-n、-in 的合成词，是肌钙蛋白的意思。

例句 Troponin is attached to the protein tropomyosin and lies within the groove between actin filaments in muscle tissue. 肌钙蛋白可以结合原肌球蛋白，位于肌肉组织中肌动蛋白之间的间隙中。

(15 words)

7. Immune (免疫)

acquired immune deficiency syndrome (AIDS) 获得性免疫缺乏综合征(艾滋病)

释义 一种病毒(virus)性传染病(infectious disease)，致病原(pathogen)为艾滋病病毒，是一种 RNA 病毒，可以攻击人体的免疫系统(immune system)的 T 淋巴细胞，使人体免疫力下降或缺失，而易于感染其他疾病。艾滋病通过体液(humor)传播。

词根 acquired 是获得性的意思，immune 是免疫的意思，deficiency 是缺陷的意思，syndrome 是综合征的意思，acquired immune deficiency syndrome 即为获得性免疫缺乏综合征的意思，简称 AIDS。

例句 There are many misconceptions about AIDS such as the belief that it can be transmitted by casual non-sexual contact. 关于艾滋病有很多误解，例如有人认为偶然的非性行为的接触也会传染。

antibody ['æntibɑːdi] *n* 抗体

释义 由免疫系统(immune system)的B淋巴细胞(lymphocyte)分泌，是蛋白质(protein)，可识别非自身分子的抗原(antigen)。

词根 anti是对抗的意思，body是体的意思，antibody即为抗体的意思。

例句 Antibodies are secreted by B cells of the adaptive immune system, mostly by differentiated B cells called plasma cells. 抗体由免疫系统的B细胞分泌，大多数是由浆细胞分泌的。

arthritis [ɑr'θraɪtɪs] *n* 关节炎

释义 关节及其周围组织的炎症疾病。

词根 arthr是关节的意思，itis是炎症的意思，arthritis即为关节炎的意思。

例句 There are over 100 types of arthritis. 关节炎有超过100种不同的类型。

autoimmunity [ɔtə'ɪmjunɪtɪ] *n* 自体免疫性

释义 每个个体的免疫系统都存在对自身成分发生免疫应答(immune response)的能力，但一般情况下不对机体产生伤害。

词根 auto是自动的意思，immune是免疫的意思，autoimmune是自体免疫的意思，autoimmunity是自体免疫性的意思。

例句 Autoimmunity is the system of immune responses of an organism against its own healthy cells and tissues. 自身免疫系统是机体对自身健康细胞和组织产生免疫应答的过程。

allergen ['ælərdʒən] *n* 过敏原

释义 能引起过敏反应的抗原(antigen)物质，称之为过敏原。

词根 aller是过敏的意思，gen是原的意思，allergen即为过敏原的意思。

例句 Among seasonal allergies, there are some allergens that fuse together and produce a new type of allergy. 在季节性过敏中，一些过敏原会相互结合形成一个新的过敏原。

antigen ['æntɪdʒən] *n* 抗原

释义 可以诱发免疫反应的物质，称之为抗原。抗原可刺激免疫系统产生抗体(antibody)。

词根 anti是对抗的意思，gen是原的意思，antigen即为抗原的意思。

例句 The antigen may originate from within the body or from the external environment. 抗原可以来自于机体内部也可以来自于外部环境。

antigen-presenting cells (APCs) 抗原呈递细胞

释义 一类免疫细胞，能够摄取和加工抗原(antigen)分子，并将抗原分子呈递给免疫系统的B细胞或者T细胞。

词根 antigen是抗原的意思，presenting是呈递的意思，cell是细胞的意思，antigen-presenting cells即为抗原呈递细胞的意思。

例句 T cells must be activated by interacting with a professional APC presenting an antigen which their T cell receptor recognizes before they can divide and perform their function. 在T细胞分裂和表达功能之前，T细胞需要通过其受体和抗原呈递细胞呈递出的抗原相互作用而被激活。

basophil [bæsə'fɪl] *n* 嗜碱性粒细胞

释义 白细胞(white cell)的一种。

词根 baso是碱的意思，phil是喜爱的意思，basophil即为嗜碱性粒细胞的意思。

例句 Basophils are the largest type of granulocyte. 嗜碱性粒细胞是最大的粒性白细胞。

cell-mediated immunity 细胞介导的免疫

释义 指T淋巴细胞(lymphocyte)介导的免疫过程。T细胞可以直接作用于病原体(pathogen)而将其消灭，不通过体液中的抗体(antibody)发挥作用，因此称之为细胞介导的免疫。

词根 cell是细胞的意思，mediated是中介的、介导的意思，immunity是免疫力的意思，cell-mediated immunity即为细胞介导的免疫的意思。

例句 Cell-mediated immunity is most effective in removing virus infected cells, but also participates in defending against fungi, protozoans, cancers and intracellular bacteria. 细胞免疫在被病毒感染的细胞中最有效，同时也参与真菌、原生动物、癌症和细胞内细菌的免疫。

chemokine [kimoʊˌkaɪn] *n* 趋化因子

释义 能够将白细胞(white cell)吸引到感染部位的一类蛋白质(protein)分子，称之为趋化因子。

词根 chemo是化学的意思，kine是因子的意思，chemokine在生物学中是趋化因子的意思。

例句 The major role of chemokines is to act as a chemoattractant to guide the migration of cells. 趋化因子的主要作用是作为化学物去诱导细胞的迁移。

complement ['kɑmplɪment] *n* 补体

释义 一类可介导免疫反应的蛋白质(protein)，称之为补体，位于血液(blood)、组织液(tissue fluid)或者细胞表面。

词根 源于拉丁语的complementum，是补充的意思，生物学中是补体的意思。

例句 It is thought that the complement system might play a role in many diseases with an immune component. 补体在很多疾病的免疫中发挥着作用。

cytokine [ˌsɪtə'kɪn] *n* 细胞因子

释义 由免疫细胞分泌的，能够调节细胞功能的分子，主要是蛋白质(protein)或者小分子多肽(polypeptide)。

词根 cyto 是细胞的意思，kine 是因子的意思，cytokine 即为细胞因子的意思。

例句 Cytokines act through receptors, and are especially important in the immune system. 细胞因子通过受体发挥作用，尤其是在免疫系统中尤其重要。

cytotoxic [saɪtə'tɒksɪk] *adj* 细胞毒素的

释义 有些细胞能分泌一些化学毒素，即表示和毒素作用相关的。

词根 cyto 是细胞的意思，toxic 是有毒的意思，cytotoxic 即为细胞毒素的意思。

例句 Cytotoxic T cells can kill the invading pathogens directly. 杀伤性 T 细胞可以直接杀死入侵的病原体。

diabetes [ˌdaɪə'bitɪs] *n* 糖尿病

释义 一种代谢性疾病。其主要表现为尿液(urine)中葡萄糖(glucose)的含量过高。分成 1 型糖尿病(diabetes)和 2 型糖尿病。1 型糖尿病受到遗传因素影响更大，和胰岛素(insulin)缺乏或者不能发挥作用相关。2 型糖尿病受到环境因素的影响更大。

词根 源于希腊语中的 diabainein，原是穿过的意思，后指尿多症，即糖尿病的意思。

例句 Diabetes is due to either the pancreas not producing enough insulin or the cells of the body not responding properly to the insulin produced. 糖尿病是因为胰腺不能产生足够的胰岛素或者机体的细胞不能对胰岛素产生足够的应答。

histamine ['hɪstəˌmin] *n* 组胺

释义 一种化学物质。由组氨酸脱羧基生成。一些白细胞可以通过释放组胺，与靶细胞(target cell)上的受体(receptor)结合，产生生物效应。

词根 是 histidine 和 amine 的合成词，histidine 是组氨酸的意思，amine 是胺的意思，histamine 即为组胺的意思。

例句 Histamine is involved in the inflammatory response and has a central role as a mediator of pruritus. 组胺参与了炎症反应并且在瘙痒中起到了主要作用。

human immunodeficiency virus (HIV) 艾滋病毒

释义 又称之为人体免疫缺陷病毒，是一种 RNA 病毒。攻击对象为人体免疫系统的 T 淋巴细胞(lymphocyte)。

词根 human 是人的意思，immunodeficiency 是免疫缺陷的意思，virus 是病毒的意思，human immunodeficiency virus 即为人体免疫缺陷病毒的意思，简称为 HIV。

例句 HIV infects vital cells in the human immune system such as helper T cells and macrophages. 艾滋病毒攻击了人体免疫系统的关键细胞，例如辅助性 T 细胞和巨噬细胞。

humor [ˈhjuːmə] *n* 体液

释义 人体的水以及溶解在水里的物质的总称，即为体液。人体体液包括细胞内液和细胞外液。细胞外液包括：组织液（tissue fluid）、淋巴液（lymph）、血液（blood）等。

词根 源于法语和拉丁语中 humor，原是滋润的意思，后用来指代体液，在生物学中是体液的意思。

例句 Humor includes blood，lymph，tissue fluid，semen and so on. 体液包括血液、淋巴液、组织液、精液等。

immunity [ɪˈmjunɪti] *n* 免疫

释义 一种生理功能。人体依靠不同的方式，识别非自身的物质，消灭破坏入侵人体的病原体（pathogen），也会消灭人体的损伤细胞或者肿瘤细胞（cancer cell）等，保证人体的健康。

词根 in-/im-表否定，munis/mun 是提供服务的意思，immune 是不提供服务，即免疫的意思，其名词形式为 immunity。

例句 Immunity involves both specific and nonspecific components. 免疫包括特异性的和非特异性的组分。

immunoglobin [ɪmjʊˈnəgloʊbɪn] *n* 免疫球蛋白

释义 免疫细胞分泌的具有免疫作用的球形蛋白质（global protein），在某种程度可以认为就是抗体（antibody）。抗体强调功能，免疫球蛋白强调化学结构。

词根 immuno 是免疫的意思，globin 是球蛋白的意思，immunoglobin 即为免疫球蛋白的意思。

例句 Though the general structure of all immunoglobin is very similar，a small region at the tip of the protein is extremely variable. 虽然免疫球蛋白的大体结构是非常类似的，但是蛋白质顶端的一个小区域是完全不同的。

inflammation [ˌɪnfləˈmeʃən] *n* 炎症反应

释义 一种免疫应答（immune response）的方式。属于抗病反应，可见于各器官和组织，常伴有充血、白细胞（white cell）增多等现象。

词根 in-是发生、进入的意思，flam 是火焰的意思，inflame 即为使着火、使发热、使发炎的意思，ation 是名词词尾，inflammation 即为炎症反应的意思。

例句 Inflammation can be classified as either acute or chronic. 炎症反应既可以是急性的，也可以是慢性的。

interferon [ˌɪntərˈfɪrɑn] *n* 干扰素

释义 一种细胞因子(cytokine),是蛋白质(protein),在调节免疫(immunity)、抗病毒(virus)方面有重要作用。例如,可以用来治疗乙肝等。

词根 interfer 是干扰的意思,-on 是素、物质的意思,interferon 即为干扰素的意思。

例句 More than twenty distinct interferon genes and proteins have been identified in animals, including humans. 动物,包括人类,有超过 20 种不同的干扰素基因和蛋白质。

interleukin [ɪnˈtəˈlʊkɪn] *n* 白介素

释义 一种细胞因子(cytokine),可介导淋巴细胞(lymphocyte)活化、增殖等。

词根 inter 是介入中间的意思,leukin 是白细胞素的意思,interleukin 即为白介素的意思。

例句 The majority of interleukins are synthesized by helper T lymphocytes, as well as through monocytes, macrophages and endothelial cells. 大部分的白介素主要是由辅助性 T 细胞分泌的,另外,单核细胞、巨噬细胞和上皮细胞也可分泌。

lymph [lɪmf] *n* 淋巴液

释义 属于体液(humor)的一种,由细胞组织液(tissue fluid)渗入到淋巴管中形成,其组分和组织液几乎完全一样。淋巴液最终会回流到血液(blood)。

词根 源于法语中的 lymphe 和拉丁语中的 limpa,是水、液体的意思。

例句 Lymph is the fluid that circulates throughout the lymphatic system. 淋巴液是在淋巴系统中循环的液体。

lymph node 淋巴结

释义 由淋巴细胞(lymphocyte)集合而成的豆形器官,分布在淋巴管上,为哺乳动物特有的免疫器官。

词根 lymph 是淋巴的意思,node 是结的意思,lymph node 即为淋巴结的意思。

例句 Lymph nodes have clinical significance. 淋巴结具有临床学的意义。

lymphocyte [ˈlɪmfəˌsaɪt] *n* 淋巴细胞

释义 白细胞(white cell)的一种。都由骨髓(bone marrow)的造血干细胞(stem cell)产生,分为 B 淋巴细胞和 T 淋巴细胞。

词根 lympho/lymph 是淋巴的意思,cyte 是细胞的意思,lymphocyte 即为淋巴细胞的意思。

例句 An increase in lymphocyte concentration is usually a sign of a viral infection. 淋巴细胞浓度的升高通常是病毒感染的信号。

B lymphocyte B 淋巴细胞

释义 淋巴细胞的一种,在骨髓(bone marrow)中产生和成熟,其主要作用是分泌抗体(antibody)。

词根 lympho/lymph 是淋巴的意思,cyte 是细胞的意思, B lymphocyte 即为 B 淋巴细胞的意思。

例句 T cells are involved in cell-mediated immunity, whereas B cells are primarily responsible for humoral immunity. T 细胞参与细胞免疫，B 细胞对体液免疫起作用。

T lymphocyte T 淋巴细胞

释义 淋巴细胞的一种，在骨髓(bone marrow)中产生，在胸腺(thymus)中分化成熟。一般来说，分为杀伤性 T 细胞(cytotoxic T cell)和辅助性 T 细胞(T helper cell)。杀伤性 T 细胞可以通过分泌毒素直接杀死靶细胞；辅助性 T 细胞通过释放细胞因子(cytokine)，激活免疫反应，刺激 B 细胞释放抗体(antibody)。

词根 lympho/lymph 是淋巴的意思，cyte 是细胞的意思，T lymphocyte 即为 T 淋巴细胞的意思。

例句 T help cells produce cytokines that direct the immune response, while other T cells, called cytotoxic T cells, produce toxic granules that contain powerful enzymes which induce the death of pathogen-infected cells. 辅助性 T 细胞产生细胞因子以启动免疫反应，其他的 T 细胞，杀伤性 T 细胞，可以产生毒性物质，引起病原体侵入细胞的死亡。

lysozyme [ˈlaɪsəˌzaɪm] *n* 溶菌酶

释义 一种酶(enzyme)，能水解病原体(pathogen)细胞壁(cell wall)中的黏多糖，导致细胞壁破灭而消灭病原体。

词根 是由 lysis 和 enzyme 两个词合成的，lysis 是溶解的意思，enzyme 是酶的意思，lysozyme 即为溶菌酶的意思。

例句 In certain cancers, excessive production of lysozyme by cancer cells can lead to toxic levels of lysozyme in the blood. 在一些癌症中，溶菌酶的过量产生会导致在血液中溶菌酶的水平过高，产生毒性。

macrophage [ˈmækrəˌfedʒ] *n* 巨噬细胞

释义 免疫细胞的一种，源自单核细胞(monocyte)。可以对细胞废物，残片或病原体进行吞噬作用。

词根 macro 是巨大的意思，phage 是噬菌体的意思，macrophage 即为巨噬细胞的意思。

例句 Macrophages play an important anti-inflammatory role and can decrease immune reactions through the release of cytokines. 巨噬细胞在抗炎症中发挥重要作用，并且通过释放细胞因子降低免疫反应。

major histocompatibility complex (MHC) 主要组织相容性复合体

释义 位于细胞表面的生物相容复合体抗原的总称，便于 T 细胞识别以发挥免疫功能。

词根 major 是主要的意思，histocompatibility 是组织相容性的意思，complex 是复合体的意思，major histocompatibility complex 即为主要组织相容性复合体的意思，也简称为 MHC。

例句 The main function of MHC molecules is to bind to peptide fragments derived from pathogens and display them on the cell surface for recognition by the appropriate T-cells. MHC 分子的主要功能是结合抗原上的多肽片段，然后将其呈现在细胞表面，以便于 T 细胞识别。

mast cell 肥大细胞

释义 一种免疫细胞，可分泌多种细胞因子(cytokine)，参与免疫调节。

词根 mast 是桅杆、旗杆的意思，cell 是细胞的意思，mast cell 是柱状细胞的意思，也称作肥大细胞。

例句 The mast cell is very similar in both appearance and function to the basophil, another type of white blood cell. 肥大细胞和嗜碱性粒细胞在性状上和功能上是非常类似的。

memory cell 记忆细胞

释义 在体液免疫(humoral immunity)中，B 细胞受到刺激会增殖分化产生浆细胞(plasma cell)和记忆细胞。在二次免疫时，记忆细胞会直接分化产生浆细胞，分泌抗体(antibody)，避免机体受到病原体(pathogen)的二次侵入。

词根 memory 是记忆的意思，cell 是细胞的意思，memory cell 即为记忆细胞的意思。

例句 B memory cell is responsible for the secondary response. B 记忆细胞在二次免疫中起作用。

monoclonal antibody 单克隆抗体

释义 只针对某一特定抗原的抗体，通过杂交瘤细胞产生。即将 B 淋巴细胞(lymphocyte)和肿瘤细胞融合成杂交瘤细胞，以产生高纯度的单克隆抗体。

词根 mono 是单的意思，clonal 是克隆的意思，antibody 是抗体的意思，monoclonal antibody 即为单克隆抗体的意思。

例句 Monoclonal antibodies are typically made by cell culture that involves fusing myeloma cells with mouse spleen cells immunized with the desired antigen. 一般来说，单克隆抗体是通过细胞培养制造的，将肿瘤细胞和小鼠的脾脏细胞进行融合。

monocyte [ˈmɑnəsaɪt] *n* 单核细胞

释义 属于白细胞(white cell)的一种，具有免疫功能，是血液中最大的血细胞，可吞噬入侵的病原(pathogen)微生物。

词根 mono 是单的意思，cyte 是细胞的意思，monocyte 即为单核细胞的意思。

例句 Monocytes are the largest type of leukocyte and can differentiate into macrophages. 单核细胞是最大的白细胞，可以分化生成巨噬细胞。

natural killer (NK) cell 自然杀伤细胞

释义 免疫细胞的一种。其杀伤活性不需要依赖抗体(antibody)，也没有 MHC 限制。其主要靶细胞(target cell)包括某些肿瘤细胞(cancer cell)，受到病毒(virus)感染的细胞等。

词根 natural 是自然的意思，killer 是杀伤的意思，cell 是细胞的意思，natural killer cell 是自然杀伤细胞的意思。

例句 NK cells provide rapid responses to viral infected cells, acting at around 3 days after infection, and respond to tumor formation. 自然杀伤细胞对病毒感染的细胞能快速做出反应，在感染后的大概 3 天即开始发挥作用，并且对肿瘤的形成也能快速反应。

neutrophil [ˈnjutrəfɪl] *n* 嗜中性粒细胞

释义 属于白细胞的一种，具有很强的趋化作用，含有很多不同的消化酶(digestive enzymes)，可消灭入侵的病原体(pathogen)。

词根 neutro 是中性的意思，phil 是喜爱的意思，neutrophil 即为嗜中性粒细胞的意思。

例句 Neutrophils are a type of phagocyte and are normally found in the bloodstream. 嗜中性粒细胞是一种吞噬细胞，一般在血液中可以被发现。

pathogen [ˈpæθədʒən] *n* 病原体

释义 造成机体感染疾病的物质都称之为病原体，一般为微生物(microorganism)，例如：细菌(bacterium)、病毒(virus)和真菌(fungi)等。

词根 patho 是病理、病态的意思，gen 是产生的意思，pathogen 即为病原体的意思。

例句 Pathogen is used to describe an infectious agent such as a virus, bacterium, prion, fungus, or even another microorganism. 病原体被用来形容感染性的东西，例如病毒、细菌、感染性蛋白质、真菌，还有其他的微生物。

perforin [ˈpɜfərɪn] *n* 穿孔素

释义 一种蛋白质(protein)，T 淋巴细胞(lymphocyte)和自然杀伤细胞(NK cell)中都存在，可在靶细胞膜上形成管状通道，导致靶细胞溶解破坏。

词根 是 perforate 和 in 的合成词，perforate 是穿孔的意思，in 是物质、素的意思，perforin 即为穿孔素的意思。

例句 Perforin is a pore forming cytolytic protein found in the granules of cytotoxic T lymphocytes and NK cells. 穿孔素是一种能形成孔洞的细胞溶解蛋白，在杀伤性 T 细胞和自然杀伤细胞中存在。

phagocyte [ˈfægəˌsaɪt] *n* 吞噬细胞

释义 白细胞(white cell)的一种,具有吞噬病原体(pathogen)的作用。单核细胞(monocyte)、巨噬细胞(macrophage)等都属于吞噬细胞。

词根 phago 是吃、吞噬的意思,cyte 是细胞的意思,phagocyte 即为吞噬细胞的意思。

例句 Phagocytes are cells that protect the body by ingesting harmful foreign particles, bacteria, and dead or dying cells. 吞噬细胞能通过消灭有害的外源物质、细菌、死细胞等来保护机体。

plasma cell 浆细胞

释义 在体液免疫(humoral immunity)中,B 细胞受到刺激会增殖分化产生浆细胞和记忆细胞(memory cell)。其主要作用是分泌抗体(antibody)。

词根 plasma 是血浆的意思,cell 是细胞的意思,plasma cell 即为浆细胞的意思。

例句 Plasma cells are transported by the blood plasma and the lymphatic system. 浆细胞在淋巴系统和血浆中运输。

prostaglandin [ˌprɒstəˈglændɪŋ] *n* 前列腺素

释义 一种化学活性物质,能引起子宫(uterus)强烈的收缩,同时对很多生理系统都有明显的作用。需要注意的是,前列腺素不是由前列腺分泌的,身体很多组织都可分泌,女性体内也有前列腺素。

词根 是 prostate、gland、-in 3 个词的合成词,prostate 是前列腺的意思,gland 是腺体的意思,-in 是素的意思,prostaglandin 即为前列腺素的意思。

例句 Each prostaglandin molecule contains 20 carbon atoms, including a 5-carbon ring. 每一个前列腺素分子含有 20 个碳原子,包括一个 5 碳环。

spleen [splin] *n* 脾脏

释义 身体最大的免疫器官,是机体细胞免疫(cell-mediated immunity)和体液免疫(humoral immunity)的中心。

词根 源于希腊语中的 splēn,是脾脏的意思。

例句 The spleen plays important roles in regard to red blood cells and the immune system. 脾脏在红细胞和免疫系统中发挥了重要的作用。

tonsil [ˈtɑnsl] *n* 扁桃体

释义 一对呈扁桃形状的免疫器官,位于人体口腔的扁桃体窝内,可产生淋巴细胞(lymphocyte)和抗体(antibody),防止病原体侵入。

词根 源于拉丁语的 tonsillae,是扁桃体的意思。

例句 Tonsils tend to reach their largest size near puberty, and they gradually undergo atrophy thereafter. 扁桃体在青春期附近达到最大体积,此后它们逐渐萎缩。

vaccine [væk'sin] *n* 疫苗

释义 用于预防疾病的免疫制品。通常用失活的病原体(pathogen)或者病原体的一部分制作完成,疫苗能激活人体的免疫系统,产生记忆细胞(memory cell)。当下次病原体再次侵入时,免疫系统可以迅速反应,阻止疾病的发生。

词根 源于拉丁语的 vaccinus,vacca 是牛的意思,最早使用牛痘来治疗水痘,后来代指所有的疫苗。

例句 Vaccines have historically been the most effective means to fight and eradicate infectious diseases. 在历史上,疫苗是抵抗和消灭传染性疾病最有效的手段。

(44 words)

8. Nervous system (神经)

acetylcholine [ˌæsətɪl'koʊlin] *n* 乙酰胆碱

释义 一种化学物质,起神经递质(neurotransmitter)的作用。其与受体(receptor)结合后,起到传递信息的作用,即将信息将突触前(presynaptic)神经元(neuron)传递到突触后(postsynaptic)神经元。

词根 acetyl 是乙酰基的意思,choline 是胆碱的意思,acetylcholine 即为乙酰胆碱的意思。

例句 Acetylcholine is the neurotransmitter used at the neuromuscular junction. 乙酰胆碱在神经和肌肉的连接中作为神经递质。

action potential 动作电位

释义 神经细胞(neuron)在静息电位(resting potential)的状态下,受到刺激后,产生的膜内外电位变化的过程。其将静息电位的相对负电势转变成相对正电势。

词根 action 是动作的意思,potential 在物理、生物学中是电位的意思,action potential 即为动作电位的意思。

例句 Action potentials are generated by special types of voltage-gated ion channels embedded in a cell's plasma membrane. 动作电位由位于细胞膜中的特殊的门通道产生。

axon ['æksɑn] *n* 轴突

释义 神经元(neuron)细胞的结构组成部分,是长的突起部分,一般起到输出神经冲动的作用。

词根 源于希腊语 axōn,是轴的意思,生物学中是轴突的意思。

例句 Some types of neurons have no axon and transmit signals from their dendrites. 一些

神经元是没有轴突的，它们依靠树突传输信号。

cell body 细胞体

释义 神经元(neuron)细胞的结构组成部分，位于中间，一般以代谢和营养的作用，连接树突(dendrite)和轴突(axon)。细胞体(cell body)一般分布在脑(brain)或者脊髓(bone marrow)的灰质中。

词根 cell 是细胞的意思，body 是体的意思，cell body 即为细胞体的意思。

例句 The nucleus of a neuron is in the cell body of the neuron. 神经元细胞的细胞核位于其细胞体中。

central nervous system (CNS) 中枢神经系统

释义 人体神经系统的主体部分，由脑(brain)和脊髓(bone marrow)构成，接受全身传入的信息，经过加工处理后，再进行输出。

词根 central 是中间的意思，nervous 是神经的意思，system 是系统的意思，central nervous system 即为中枢神经系统的意思，简称为 CNS。

例句 Central nervous system includes brain and spinal cord. 中枢神经系统包括脑和脊髓。

dendrite [ˈdɛnˌdraɪt] *n* 树突

释义 神经元(neuron)细胞的结构组成部分，细胞体(cell body)的膜延伸出来的突起部分，相对于轴突(axon)，树突数量多，长度要短。

词根 源于希腊语 dendritēs，是像树的意思，生物学中是树突的意思。

例句 Dendrites are one of two types of protoplasmic protrusions that extrude from the cell body of a neuron, and the other type is an axon. 树突是一种从神经元细胞体中伸出的原生质凸起，另一种是轴突。

dopamine [ˈdoʊpəmin] *n* 多巴胺

释义 一种化学物质，神经递质(neurotransmitter)。能影响人的情绪。

词根 是 dopa 和 amine 的合成词，dopa 是多巴的意思，amine 是胺的意思，dopamine 即为多巴胺的意思。

例句 In the brain, dopamine functions as a neurotransmitter - a chemical released by neurons (nerve cells) to send signals to other nerve cells. 在大脑中，多巴胺作为神经递质发挥作用，是一种由神经元细胞释放的化学物质，能够将信号传输到其他的神经细胞。

hyperpolarization [ˌhaɪpəˈpɒləraɪˈzeɪʃən] *n* 超极化

释义 神经元(neuron)在静息状态下的膜内外的电位是负值(膜内为负值)，当跨膜电位比静息电位(resting potential)的值负得更多时，即称之为超极化。

词根 hyper 是超过、太多的意思，polar 是极的意思，polarize 是极化的意思，hyperpolarization 即为超级化的意思。

例句 Hyperpolarization is a change in a cell's membrane potential that makes it more negative. 超极化是细胞膜电位的变化，使其变得负得更多。

interneuron [ˌɪntəˈnjʊrɒn] *n* 中间神经元

释义 一种神经元(neuron)，起连接上行和下行神经元的作用，其细胞体(cell body)都位于中枢神经系统中。

词根 是 internuncial 和 neuron 的合成词，internuncial 是联络人、中间人的意思，neuron 是神经元的意思，interneuron 即为中间神经元的意思。

例句 Interneurons create neural circuits, enabling communication between sensory or motor neurons and the central nervous system. 中间神经元产生神经通路，连接感觉神经元、运动神经元和中枢神经系统。

knee-jerk reflex 膝跳反射

释义 最简单的反射类型，只有 2 个神经元(neuron)参与。其表现为：在膝半屈和小腿自由下垂时，轻快地叩击膝腱，引起股四头肌收缩，使小腿作急速前踢的反应。

词根 knee 是膝盖的意思，jerk 是抽搐、跳动的意思，reflex 是反射的意思，knee-jerk reflex 是膝跳反射的意思。

例句 The knee-jerk reflex is a clinical and classic example of the monosynaptic reflex arc. 膝跳反射是单突触反射的一个典型的临床案例。

myelin sheath 髓鞘

释义 包围在神经元(neuron)轴突(axon)外面的膜，由施旺细胞(Schwann cell)和髓鞘细胞膜构成，具有绝缘作用。

词根 myelin 是髓的意思，sheath 是鞘的意思，myelin sheath 即为髓鞘的意思。

例句 The myelin sheath is a greatly extended and modified plasma membrane wrapped around the nerve axon in a spiral fashion. 髓鞘是缠绕在神经元轴突上的扩展的质膜。

myelinated [ˈmaɪələˌneɪtɪd] *adj* 有髓鞘的

释义 一般表示神经元(neuron)的轴突(axon)，外面具有髓鞘结构的部分。

词根 myelin 是髓、髓鞘的意思，其形容词形式为 myelinated。

例句 Myelinated neurons can transmit the impulse more quickly. 有髓鞘的神经元传输冲动的时候要更快一些。

nerve [nɜrv] *n* 神经

释义 由一束神经纤维构成，外面包裹着结缔组织的膜，就形成一条神经。起到传递信息的作用。

词根 源于拉丁语的 nervus，是神经的意思。

例句 Each nerve is a cordlike structure containing bundles of axons. 每个神经都是索状结构，含有一束轴突。

nervous [ˈnɜrvəs] *adj* 神经的

释义 表示神经性的，与神经相关的。

词根 源于拉丁语的 nervus，nerve 是神经的意思，其形容词形式为 nervous。

例句 Nervous systems are found in most multicellular animals, but vary greatly in complexity. 神经系统在大多数多细胞动物中都存在，但是其复杂度上差异很大。

neuron [ˈnʊrɑn] *n* 神经元

释义 神经系统结构和功能的基本单位，又称之为神经细胞。由细胞体(cell body)，轴突(axon)和树突(dendrite)构成。

词根 源于希腊语 neuron，是神经细胞、神经元的意思。

例句 A typical neuron consists of a cell body (soma), dendrites, and an axon. 一个典型的神经元由细胞体、树突和轴突构成。

neurotransmitter [ˈnʊroʊtrænzmɪtə] *n* 神经递质

释义 一类化学物质，在突触(synapse)中起到传递神经冲动的作用。一般由突触前(presynaptic)神经元(neuron)释放，可以和突触后(postsynaptic)神经元上的受体(receptor)相结合。例如乙酰胆碱(acetylcholine)等。

词根 neuro 是神经的意思，transmit 是传递的意思，neurotransmitter 即为神经递质的意思。

例句 Neurotransmitters are released from synaptic vesicles in synapses into the synaptic cleft, where they are received by receptors on the target cells. 神经递质从突触的小泡中释放，进入到突触间隙，然后被靶细胞上的受体所结合。

nodes of Ranvier 郎飞结

释义 神经元(neuron)结构的一部分。由发现描述该结构的科学家名字命名。神经元的轴突(axon)包裹着髓鞘，郎飞结为没有髓鞘的部分。

词根 是以法国组织学家 Antoine Ranvier 命名的，node 是结的意思，音译为郎维尔氏结或郎飞结。

例句 Nodes of Ranvier are uninsulated and highly enriched in ion channels, allowing them to participate in the exchange of ions required to regenerate the action potential. 郎飞结是不绝缘的，并且有很多离子通道，参与了离子的跨膜交换，以产生动作电位。

parasympathetic [ˌpærəˌsɪmpəˈθetɪk] *n* 副交感神经

释义 是植物性神经系统的一部分。副交感神经和交感神经相互制约平衡发挥作用，其中副交感神经的作用是降低血压，减缓心跳等，维持机体安静时的生理需要。

词根 para 是伴、类似、辅助的意思，sympathetic 在生物学中是交感神经的意思，parasympathetic 即为副交感神经的意思。

例句 The parasympathetic system is responsible for stimulation of some activities that occur when the body is at rest. 副交感神经参与了身体安静状态下的一些活动的刺激。

peripheral nervous system (PNS) 外周神经系统

释义 神经系统分为中枢神经系统(CNS)和外周神经系统。中枢神经系统包括脑(brain)和脊髓(bone marrow)，外周神经系统一端与中枢神经系统相连，另一端连接机体其他器官。

词根 peripheral 是次要的、外围的、周边的意思，nervous system 指神经系统，peripheral nervous system 即为外周神经系统的意思，也简称为 PNS。

例句 The peripheral nervous system is mainly divided into the somatic nervous system and the autonomic nervous system. 外周神经系统主要分为躯体神经系统和自主神经系统。

polarization [ˌpoləraɪˈzeʃən] *n* 极化

释义 神经元(neuron)为静息状态时，其膜内电位为负，膜外电位为正，此时其状态称之为极化。

词根 polar 是极的意思，ize 是使动的意思，polarize 即为极化的意思，其名词形式为 polarization。

例句 The polarization of a cell can be measured by putting a very thin electrode inside a cell. 细胞的极化状态可以通过在细胞里面放一个很薄的电极来测量。

postsynaptic [ˌpoʊstsɪˈnæptɪk] *adj* 突触后的

释义 表示位于在突触之后的。

词根 post 是后的意思，synaptic 是神经突触的形容词形式，postsynaptic 即为突触后的意思。

例句 Neurotransmitters bind to receptors on the postsynaptic cell's side of the synaptic cleft. 神经递质结合突触间隙的突触后细胞上的受体。

presynaptic [ˌprisɪˈnæptɪk] *adj* 突触前的

释义 表示位于突触之前的。

词根 pre 是前的意思，synaptic 是神经突触的形容词形式，presynaptic 即为突触前的意思。

例句 Presynaptic neurons release the neurotransmitters. 突触前神经元释放神经递质。

reflex arc 反射弧

释义 一种神经结构，可实现反射活动。其结构一般分为接收器（receptor）、传入神经（sensory neuron）、中间神经（intermediate neuron）、传出神经（motor neuron）、效应器（effector）。

词根 reflex 是反射的意思，arc 是弧的意思，reflex arc 是反射弧的意思。

例句 When a reflex consists of only two neurons in an animal, it is defined as monosynaptic. 在动物中，当 1 个反射弧只有 2 个神经元组成时，它被定义为单突触的。

resting potential 静息电位

释义 神经元（neuron）在未受到刺激时，细胞膜内外的电位差称之为静息电位，为负值，即膜内为负电位，膜外为正电位。

词根 resting 是静止、休息的意思，potential 在物理学、生物学中是电位的意思，resting potential 即为静息电位的意思。

例句 In most neurons, the resting potential has a value of approximately −70 mV. 在大多数神经元中，静息电位的值一般为−70 mV 左右。

refractory period 不应期

释义 当机体对某一刺激（stimulation）发生反应后，如果再给机体同样的刺激，机体不会发生反应，那么这段不会发生反应的时期，即被称之为不应期。

词根 refractory 是难以改变的、治疗无反应的意思，period 是时期的意思，refractory period 即为不应期的意思。

例句 A refractory period is a period of time during which an organ or cell is incapable of repeating a particular action. 不应期指的是，当机体或细胞不能对一个重复的动作起反应时，所经历的时期。

repolarization [riˌpoʊlərɪˈzeɪʃən] *n* 复极化

释义 在动作电位（action potential）发生的过程中，膜内电位由正电位恢复成膜内负电位的状态，称之为复极化。

词根 re 表重复，polarization 是极化的意思，repolarization 即为复极化的意思。

例句 Repolarization typically results from the movement of positively charged K^+ ions out of the cell. 复极化是由钾离子主动运输出细胞导致的。

Schwann cell 施旺细胞

释义 一种神经胶质细胞，对神经元（neuron）的轴突（axon）部分进行包裹，形成髓鞘。

词根 该词是以德国生理学家 Theodor Schwann 而命名的，被音译为施旺细胞或者雪旺细胞。

例句 Schwann cells are involved in many important aspects of peripheral nerve system. 雪旺细胞参与了外周神经的很多重要方面的作用。

sodium-potassium pump 钠钾泵

释义 一种蛋白质分子，用于钠离子和钾离子在细胞膜(cell membrane)内外的运输。每消耗1个ATP分子，泵出3个钠离子，泵进2个钾离子。

词根 sodium是钠的意思，potassium是钾的意思，pump是泵的意思，sodium-potassium pump即为钠钾泵的意思。

例句 The sodium-potassium pump was discovered in the 1950s by a Danish scientist, who was awarded a Nobel Prize in 1997. 钠钾泵是由一个丹麦的科学家于20世纪50年代发现了，并因此获得了1997年的诺贝尔奖。

spinal cord 脊髓

释义 中枢神经系统(CNS)的一部分，是许多简单反射的中枢。

词根 spinal是脊柱的意思，cord是绳索、神经的意思，spinal cord即为脊髓的意思。

例句 The spinal cord functions primarily in the transmission of neural signals between the brain and the rest of the body. 脊髓主要在脑和身体其他部分之间进行神经信号的传输作用。

sympathetic nervous system 交感神经系统

释义 是植物性神经系统的一部分。副交感神经和交感神经相互制约平衡发挥作用，其中交感神经能使人兴奋、加快心跳、升高血压等。

词根 sympathetic有产生交感性的意思，nervous是神经的意思，system是系统的意思，sympathetic nervous system即为交感神经系统的意思。

例句 The sympathetic nervous system's primary process is to stimulate the body's fight-or-flight response. 交感神经系统的主要作用是刺激身体的应激反应。

synapse [sɪ'næps] *n* 突触

释义 突触是神经元(neuron)之间传递信息的重要结构。其结构一般为突出前(presynaptic)神经元，突触间隙(synaptic cleft)，突触后(postsynaptic)神经元组成。

词根 源于希腊语sunapsis，sun是结合的意思，hapsis是链接的意思，synapse就指结合点，即突触的意思。

例句 It is widely accepted that the synapse plays a role in the formation of memory. 突触在记忆过程中扮演重要作用，这一说法已被广为接受。

(31 words)

9. Reproduction (生殖)

acrosome [ˈækrəˌsoʊm] *n* 顶体

释义 精子(sperm)的头部突出的小泡,称之为顶体。是一种特殊的溶酶体(lysosome),可以释放水解酶,帮助精子通过卵子(egg)的放射冠和透明带(zona pellucida)。

词根 acro 是极、高的意思,some 是体的意思,acrosome 在生物学中就是顶体的意思。

例句 Acrosome is a cap-like structure derived from the Golgi apparatus. 顶体源于高尔基体,是一个帽状的结构。

archenteron [ˈɑːtʃentərən] *n* 原肠胚的中心空腔

释义 在胚胎(embryo)发育的过程中,在原肠胚(gastrula)形成过程中形成的中心空腔,将来发育成消化道(digestive canal)。

词根 arch 源于希腊语的 arkhē,是开始、原来的意思,enteron 是肠、消化道的意思,archenteron 指的是原肠的消化道,即原肠胚的中心空腔的意思。

例句 During gastrulation, the archenteron develops into the digestive tube, with the blastopore developing into either the mouth or the anus. 在原肠胚的形成过程中,原肠腔发育成消化管,其胚孔发育成口腔或者肛门。

animal pole 动物极

释义 由于卵细胞(ovum)内的细胞器(organelle)、细胞质(cytoplasm)等的不均匀分布,而呈现极性。其特点是细胞分裂快,卵黄较少。

词根 animal 是动物的意思,pole 是极的意思,animal pole 即为动物极的意思。

例句 In developmental biology, an embryo is divided into two hemispheres: the animal pole and the vegetal pole within a blastula. 在发育生物学中,胚胎会分裂成 2 个半球,在囊胚内的动物极和植物极。

asexual [eˈsɛkʃuəl] *adj* 无性的

释义 用来形容生殖(reproduction)的一种方式,其特点是不需要经过配子(gamete)的结合,不需要进行减数分裂(meiosis)。由母体直接产生个体,通常由有丝分裂(mitosis)产生,因此其遗传物质保持一致。

词根 a 是无、没有的意思,sexual 是性的意思,asexual 即为无性的意思。

例句 Asexual reproduction is the primary form of reproduction for single celled organism as the archaea, bacteria and protists. 无性生殖是单细胞生物。例如古细菌、细菌和原生生物等的主要生殖方式。

blastocoel [blɑstoʊ'koʊl] *n* 囊胚腔

释义 当囊胚(blastula)形成后，位于囊胚中的空腔，充满腔液。

词根 blasto 是胚、芽的意思，coel 是内腔的意思，blastocoel 即为囊胚腔的意思。

例句 A blastocoel is the name given to the fluid filled cavity of the blastula that results from cleavage of the oocyte after fertilization. 囊胚腔是指囊胚中充满液体的空腔，囊胚是由卵母细胞受精后卵裂而来。

blastodisc [b'læstədɪsk] *n* 胚盘

释义 胚胎(embyro)发育的过程中，胚胎底部的外胚层(ectoderm)和卵黄囊顶部的内胚层(endoderm)紧密相贴，形似圆盘，称为胚盘。

词根 blasto 是胚、芽的意思，disc 是盘子的意思，blastodisc 即为胚盘的意思。

例句 The blastodisc refers to a round single cell layer of cells inside the blastula. 胚盘是指囊胚中一个圆形的单细胞层。

blastomere [blɑstə'mɪr] *n* 分裂球

释义 受精卵(zygote)每次分裂所产生的子细胞，称之为分裂球。

词根 blasto 是胚、芽的意思，mere 有生成的意思，blastomere 在生物学中是胚囊细胞或分裂球的意思。

例句 In biology, a blastomere is a type of cell produced by cleavage (cell division) of the zygote after fertilization and is an essential part of blastula formation. 在生物学中，分裂球是由合子卵裂后形成的一种细胞类型，是囊胚形成必需的一部分。

blastopore [b'læstəpr] *n* 胚孔

释义 动物在胚胎(embryo)发育的过程中，胚胎原肠的开口。原口动物(protostome)的胚孔会发育成动物的口，后口动物(deuterostome)的胚孔发育成肛门。

词根 blasto 是胚、芽的意思，pore 是微孔的意思，blastopore 即为胚孔的意思。

例句 Gastrulation involves the creation of the blastopore, an opening into the archenteron. 原肠胚的形成包括胚孔的生成，对着原肠腔的开口。

blastula ['blæstʃələ] *n* 囊胚

释义 胚胎(embryo)发育的一个阶段。其特征是形成了中间空腔的球形结构，中间的空腔为囊胚腔，充满液体。

词根 源于希腊语 blastos，是萌芽的意思，在生物学中指囊胚。

例句 Only when the blastocoel is formed does the early embryo become a blastula. 只有囊胚腔形成了，胚胎才形成了一个囊胚。

cervix ['sɜːrvɪks] *n* 子宫颈

释义 女性生殖系统(reproductive system)的一个器官。位于子宫(uterus)下部,与阴道(vagina)相连接。可分泌黏液。

词根 源于拉丁语,指子宫颈。

例句 The cervix is a passage through which sperm must travel to fertilize an egg cell after sexual intercourse. 子宫颈是精子在性行为后前往受精道路上的必经通道。

cleavage ['klivɪdʒ] *n* 卵裂

释义 受精卵(zygote)早期发生的快速的有丝分裂(mitosis)。例如受精卵到 2 细胞,2 细胞到 4 细胞。

词根 cleav 是分离的意思,age 表动作的过程,cleavage 即为卵裂的意思。

例句 Cleavage ends with the formation of the blastula. 卵裂在囊胚形成的时候终止。

corpus luteum 黄体

释义 卵泡(follicle)在排卵(ovulation)结束后,剩余的细胞形成的富有血管的腺体结构,能分泌孕酮(progesterone)。

词根 corpus 是身体的意思,luteum 源于拉丁语,是黄色的意思,corpus luteum 在生物学中是黄体的意思。

例句 The corpus luteum develops from an ovarian follicle during the luteal phase of the menstrual cycle, following the release of a secondary oocyte from the follicle during ovulation. 在排卵中,次级卵母细胞从卵泡中被排出,随后在月经周期的黄体期,黄体从卵巢的卵泡发育而来。

deuterostome ['djutərəstoum] *n* 后口动物

释义 指在胚胎(embryo)的原肠胚期其原口形成为肛门(anus)而与之相对的后口形成嘴部的动物。

词根 deutero 是后来、次生的意思,stome 是动物门类的意思,deuterostome 即为后口动物的意思。

例句 In deuterostomes, the blastopore becomes the anus. 在后口动物中,胚孔发育成肛门。

ectoderm ['ektəˌdəm] *n* 外胚层

释义 胚胎(embryo)最外面的胚层即为外胚层,将来会发育成表皮(epidermis)和神经系统(nervous system)。

词根 ecto 是外部、外面的意思,derm 是皮肤的意思,ectoderm 在动物学中是外胚层的意思。

例句 Generally speaking, the ectoderm differentiates to form the nervous system, tooth and the epidermis. 大致来讲，外胚层会分化形成神经系统，牙齿和表皮。

endoderm [ˈendoʊˌdɜm] *n* 内胚层

释义 胚胎(embryo)最里面的胚层，在原肠形成时从外胚层(ectoderm)分离而来，将来发育成内脏，包括肝脏(liver)、消化腺等。

词根 endo 是里面、内部的意思，derm 是皮肤的意思，endoderm 在动物学中是内胚层的意思。

例句 Cells migrating inward along the archenteron form the inner layer of the gastrula, which develops into the endoderm. 细胞沿着原肠腔迁移，形成了原肠胚的内层，然后发育成了内胚层。

endometrium [ˌendoʊˈmitrɪrm] *n* 子宫内膜

释义 哺乳动物子宫(uterus)内壁的一层膜，是胚胎(embryo)着床(implantation)的场所。在月经周期(menstrual cycle)中，随着激素水平的变化，厚度会发生显著的变化，在黄体期(luteal phase)后期，会脱落形成月经(menstruation)的一部分。

词根 endo 是内部的意思，metr 是子宫的意思，-ium 表地方，endometrium 即为子宫内膜的意思。

例句 During pregnancy, the glands and blood vessels in the endometrium further increase in size and number. 在妊娠过程中，子宫内膜的腺体和血管的体积和数量进一步增加。

epididymis [ˌepəˈdɪdəmɪs] *n* 附睾

释义 男性的生殖器官，一端连接输精管(vas deference)，一端连接睾丸(testis)。是精子(sperm)成熟的场所。

词根 epi 是上面的意思，didymis 是睾丸的意思，epididymis 指的是睾丸上面的附睾部分。

例句 During ejaculation, sperm flow from the lower portion of the epididymis. 在射精的过程中，精子从附睾的底部流出。

fertilization [ˌfɚtlɪˈzeʃən] *n* 受精

释义 指精子(sperm)进入卵子(oocyte)融合形成受精卵(zygote)的过程。

词根 fertile 是丰饶的意思，fertilize 是施肥、使受精的意思，其名词形式为 fertilization。

例句 In animals, the process of fertilization involves the fusion of an ovum with a sperm, which first creates a zygote and then leads to the development of an embryo. 在动物中，受精的过程包括将一个卵子和一个精子融合，从而形成一个合子，开始一个胚胎的发育。

follicular phase 卵泡期

释义 月经周期(menstrual cycle)的一个阶段。在卵泡期(follicular phase)，卵泡在 FSH 作用下，不断发育长大，子宫内膜(endometrium)不断增厚，雌激素(estrogen)水平也不断升高。

词根 follicular 是囊泡、卵泡的意思，phase 是阶段、时期的意思，follicular phase 即为卵泡期的意思。

例句 Follicular phase ends with ovulation. 卵泡期以排卵的出现而结束。

gastrula [ˈgæstrʊlə] *n* 原肠胚

释义 胚胎(embryo)发育的一个阶段。囊胚(blastula)继续发育，由原始的单胚层细胞发展成具有双层或三层胚层结构的胚胎。

词根 gastr 是胃的意思，ula 是名词词根，gastrula 在生物学中是原肠胚的意思。

例句 Gastrula is the metazoan embryo in an early state of germ layer formation following the blastula stage. 原肠胚是后生动物的胚胎，位于胚胎的早期发育阶段，在囊胚之后。

gestation [dʒɛˈsteʃən] *n* 妊娠

释义 从受孕开始一直到分娩的生理过程。

词根 源于拉丁语的 gestation，是指在子宫怀孕、妊娠的意思。

例句 Gestation is typical for mammals, but also occurs for some non-mammals. 妊娠是哺乳动物的典型特征，但是也在一些非哺乳动物中发生。

leydig cell 间质细胞

释义 睾丸(testis)中的一种细胞，位于曲细精管(seminiferous tubule)之间，其作用为分泌雄激素(testosterone)。

词根 以德国组织学家 Franz Leydig 命名的细胞，音译为莱氏细胞或者间质细胞。

例句 Leydig cells produce testosterone in the presence of luteinizing hormone. 间质细胞在促黄体素存在的情况下产生雄激素。

luteal phase 黄体期

释义 月经周期(menstrual cycle)的一个阶段，位于排卵(ovulation)后第 1 天到月经来潮的前 1 天。卵巢(ovary)的黄体(corpus luteum)分泌孕酮(progesterone)，维持子宫内膜(endometrium)厚度。

词根 luteal 是黄体的意思，phase 是时期的意思，luteal phase 是黄体期的意思。

例句 The human luteal phase lasts between ten and sixteen days, the average being fourteen days. 人的黄体期持续 10～16 天，平均为 14 天。

menstrual cycle 月经周期

释义 女性生理上的循环周期。一般来说为 28 天，分为月经期(menstruation)、卵泡期(follicular phase)、排卵期(ovulation)和黄体期(luteal phase)4 个阶段。卵子(egg)从卵泡期开始发育，在排卵期排出，黄体期维持子宫内膜(endometrium)厚度等待妊娠，最后子宫内膜和血管等脱落，从阴道(vagina)排出，形成月经。

词根 menstrual 源于拉丁语 menstralis，原是月亮的意思，后来指月经，cycle 是周期的意思，menstrual cycle 即为月经周期的意思。

例句 The menstrual cycle is governed by hormonal changes. 月经周期由激素的改变控制。

mesoderm [ˈmesəˌdɜm] *n* 中胚层

释义 位于胚胎中间的胚层，位于外胚层(ectoderm)和内胚层(endoderm)之间，发育成机体的肌肉(muscle)、骨骼(bone)，结缔组织和循环系统(circulatory system)等。

词根 meso 是中间的意思，derm 是皮肤的意思，mesoderm 即为中胚层的意思。

例句 Mesoderm is formed through a process called gastrulation. 中胚层在原肠胚形成的过程中形成。

oocyte [ˈoʊɪˌsaɪt] *n* 卵母细胞

释义 一般指卵母细胞，表示经过减数分裂(meiosis)的卵子。

词根 oo 是象形词，指代卵子，cyte 是细胞的意思，oocyte 即为卵母细胞的意思。

例句 During oogenesis, the oogonia become primary oocytes. 在卵子发生的过程中，卵原细胞发育成原始卵母细胞。

oogonium [ˌoʊɪˈgoʊnɪrm] *n* 卵原细胞

释义 属于原始生殖细胞的一种，为二倍体(diploid)，可以通过有丝分裂(mitosis)来增加数量。人类的卵原细胞在出生前才存在。

词根 oo 是象形词，指代卵子，gonium 是性原细胞的意思，oogonium 即为卵原细胞的意思。

例句 The female germ cells produce a primordial germ cell (PGC), which then undergoes mitosis, forming oogonia. 雌性生殖细胞产生原始生殖细胞，经过有丝分裂后，形成卵原细胞。

oogenesis [ˌoʊɪˈdʒenəsɪs] *n* 卵子发生

释义 卵原细胞(oogonium)经过不断发育最后生成成熟卵子细胞的过程。大概分成 2 个阶段，卵原细胞不断增加数目的阶段发生在胚胎期，之后发育的过程随着卵泡(follicle)的发育而发育，在青春期(puberty)才起始。

词根 oo 是象形词，指代卵子，genesis 是发生的意思，oogenesis 即为卵子发生的意思。

例句 Oogenesis involves the development of the various stages of the immature ovum. 卵子发生包括了一个未成熟的卵子在发育过程中的各个阶段。

organogenesis [ˌɔgənoʊˈdʒenəsɪs] *n* 器官发生

释义 在脊椎动物胚胎(embyro)发育过程中，各个胚层的细胞通过组织分化生成器官的过程。

词根 organo 是器官的意思，genesis 是发生的意思，organogenesis 即为器官发生的意思。

例句 In animal development, organogenesis is the process by which the ectoderm, endoderm, and mesoderm develop into the internal organs of the organism. 在动物的发育过程中，器官形成是指胚胎的外胚层、中胚层、内胚层发育成有机体内部各个器官的过程。

oviduct [ˈoʊvɪdʌkt] *n* 输卵管

释义 雌性的生殖器官。人有 2 个输卵管，位于子宫（uterus）两侧，与子宫相连，是受精（fertilization）发生的地点。

词根 ovi 是卵的意思，duct 是管道的意思，oviduct 指卵子通过的管道，即输卵管的意思。

例句 Usually, the oviduct does not directly contact the ovary. 通常来说，输卵管不直接接触卵巢。

ovulation [ˌɒvjʊˈleɪʃn] *n* 排卵

释义 成熟卵子（ovum）从卵泡（follicle）中排出的过程。对于成熟女性来说，一般每个月经周期（menstrual cycle）只排 1 个卵，需要注意的是，排卵排出的卵子不是裸露的，而是和放射冠一起排出的复合物。

词根 ovu 是卵子的意思，ovulate 是产生卵子的意思，其名词形式为 ovulation。

例句 After ovulation, during the luteal phase, the egg will be available to be fertilized by sperm. 排卵后，在黄体期，卵子处于可与精子进行受精的状态。

ovum [ˈoʊvəm] *n* 卵细胞

释义 为雌性配子（gamete）细胞，为单倍体（haploid），由卵原细胞（oogonium）减数分裂（meiosis）而来。

词根 源于拉丁语，是卵子、卵细胞的意思。

例句 The ovum is typically not capable of active movement, and it is much larger than the sperm cells. 卵细胞典型地不具备主动运输的能力，并且它显著地大于精子细胞。

parthenogenesis [ˌpɑrθənoʊˈdʒenɪsɪs] *n* 孤雌生殖

释义 无性生殖（asexual reproduction）的一种。卵子不需要经过受精（fertilisation）直接发育成新个体的过程。

词根 partheno 源于希腊语 parthenos，是处女的意思，genesis 是生成的意思，parthenogenesis 在生物学中是指单性繁殖、孤雌生殖的意思。

例句 In animals, parthenogenesis means development of an embryo from an unfertilized egg cell. 在动物中，孤雌生殖是指一个胚胎从一个未受精的卵细胞发育而来。

prostate gland 前列腺

释义 男性特有的性腺（sex gland）器官。作为外分泌腺，其可以分泌前列腺液。

词根 pro 是前的意思，state 是站立的意思，gland 是腺体的意思，prostate gland 即为前列腺的意思。

例句 The mean weight of the normal prostate gland in adult males is about 11 grams, usually ranging between 7 and 16 grams. 一个成年男性正常的前列腺的平均重量大约为 11 g，一般在 7～16 g。

protostome [ˈproʊtəstoʊm] *n* 原口动物

释义 在胚胎发育中由原肠胚(gastrula)的胚孔形成口的动物。

词根 proto 是原来的意思，stome 是口的意思，protostome 即为原口动物的意思。

例句 Current molecular data suggest that protostome animals can be divided into three major groups. 目前的分子数据显示原口动物能被分成 3 个主要的类型。

reproduction [ˌriprəˈdʌkʃən] *n* 生殖

释义 生物体产生后代的过程，分为无性(asexual)生殖和有性(sexual)生殖。

词根 re 是重复的意思，produce 是生产的意思，reproduce 是生殖的意思，其名词形式为 reproduction。

例句 In asexual reproduction, an organism can reproduce without the involvement of another organism. 在无性生殖中，有机体能在其他的有机体不参与的情况下进行生殖。

seminal vesicles 精囊

释义 男性的长椭圆形的囊状器官，位于膀胱(bladder)后方。其分泌的液体构成精液(semen)的一部分。

词根 seminal 是精液的意思，vesicle 是囊的意思，seminal vesicle 即为精囊的意思。

例句 Seminal vesicles secrete fluid that partly composes the semen. 精囊分泌的液体是组成精液的成分。

seminiferous tubule 曲精小管

释义 又称之为生精小管。是睾丸(testis)内细长弯曲的管道，内皮有生精细胞，在管道内不断发育，以产生成熟的精子(sperm)。

词根 seminiferous 是产生精子的、输送精液的意思，tubule 是管子的意思，seminiferous tubule 即为生精小管或曲精小管的意思。

例句 Seminiferous tubules are located within the testes, and are the specific location of meiosis, and the subsequent creation of male gametes. 曲精小管位于睾丸内，是减数分裂发生及其之后雄性配子产生的特定位点。

sperm [spɜrm] *n* 精子

释义 雄性的生殖细胞(germ cell)，为单倍体(haploid)细胞。形状类似于蝌蚪，头部储存有细胞核(nucleus)等遗传信息,尾部用于运动。

词根 源于希腊语 sperma,是种子、精子的意思。

例句 DNA damages are present in sperm cells in the period after meiosis but before fertilization, and may be repaired in the fertilized egg. DNA 的损伤在精子中存在,在减数分裂之后受精之前的阶段,并且在受精卵中可能被修复。

spermatid [ˈspɜmətɪd] *n* 精子细胞

释义 在人体中,为男性的生殖细胞(germ cell),单倍体(haploid),由睾丸(testis)产生。由精母细胞(spermatocyte)通过 2 次减数分裂(meiosis)生成。

词根 sperm 是精子的意思,spermatid 是精子细胞的意思。

例句 The spermatid is the haploid male gamete that results from division of secondary spermatocytes. 精子细胞是单倍体的雄性配子,从次级精母细胞分裂而来。

spermatocyte [ˈspəmətəˌsaɪt] *n* 精母细胞

释义 精子细胞的前体细胞,为二倍体(diploid)细胞。分为初级精母细胞和次级精母细胞。

词根 sperm 是精子的意思,cyte 是细胞的意思,spermatocyte 即为精母细胞的意思。

例句 Spermatocytes derive from immature germ cells called spermatogonia. 精母细胞源自未成熟的生殖细胞,即精原细胞。

spermatogenesis [ˌspɜmətəˈdʒenəsɪs] *n* 精子发生

释义 即由精母细胞(spermatocyte)发育成为精子细胞的过程。整个过程在曲细精管(seminiferous tubule)中发生。

词根 sperm 是精子的意思,genesis 是发生的意思,spermatogenesis 即为精子发生的意思。

例句 The initial cells in the process of spermatogenesis are called spermatogonia, which yield primary spermatocytes by mitosis. 精子发生的过程的起始细胞是精原细胞,其经过有丝分裂产生了精母细胞。

spermatogonium [ˌspɜmətəˈgounɪrm] *n* 精原细胞

释义 男性中,原始生殖细胞(PGC)经过有丝分裂(mitosis)形成的细胞,位于睾丸(testis)中,能不断进行细胞分裂(cell division),增加细胞数量,形成精母细胞(spermatocyte)。

词根 sperm 是精子的意思,gonium 是性原细胞的意思,spermatogonium 即为精原细胞的意思。

例句 A spermatogonium is an undifferentiated male germ cell, originating in a seminiferous tubule. 精原细胞是未分化的雄性生殖细胞,在曲细精管中产生。

spermatozoa [ˌspɜrmətəˈzouə] *n* 精子

释义 同 sperm。

词根 sperm 源于希腊语中的 sperma，是精子的意思，zoa/zoon 源于希腊语中的 zōion，是动物的意思，spermatozoa 是 spermatozoon 的复数形式，也简写为 sperm。

例句 同 sperm。

testosterone [te'stɑstəroʊn] *n* 睾酮

释义 雄性激素(hormone)，男性的睾丸(testis)分泌，女性的卵巢(ovary)也可少量分泌。睾酮有很多生理作用，例如，它能增强性欲、提高力量、影响生长发育等。

词根 由 testis 和 sterone 2 个词合成的，testis 是睾丸的意思，sterone 是甾酮、固酮的意思，testosterone 即为睾酮的意思。

例句 Testosterone is made primarily by the testis in males. 睾酮在雄性中主要是由睾丸产生的。

urethra [jʊ'riθrə] *n* 尿道

释义 人体器官，连接膀胱(bladder)，是尿液(urine)的排泄通道。男性的尿道还是精液(semen)的排出通道。

词根 源于希腊语 ourēthra，是尿道的意思。

例句 Female mammals use their urethra only for urinating, but male mammals use their urethra for both urination and ejaculation. 雌性哺乳动物的尿道仅仅用于排尿，但是雄性哺乳动物可以用于排尿，也可用于射精。

uterus ['jutərəs] *n* 子宫

释义 女性的生殖器官，位于骨盆腔中，是孕育胎儿(fetus)和月经(menstruation)形成的器官。

词根 源于拉丁语，指子宫。

例句 It is within the uterus that the fetus develops during gestation. 在妊娠过程中，胚胎是在子宫内发育的。

vagina [və'dʒaɪnə] *n* 阴道

释义 女性的生殖器官，连接子宫(uterus)和外生殖器。是性行为的器官，也是月经(menstruation)排出和胎儿(fetus)产出的通道。

词根 源于拉丁语，原意为鞘，后用来指代阴道。

例句 The vagina provides a channel to deliver a newborn to its independent life outside the body of the mother. 阴道给新生儿提供了一个通向母体体外开始其独立生活的通道。

vas deferens 输精管

释义 其主要功能是输送精子(sperm)，将精子从附睾(epididymis)输送到尿道(urethra)中。输精管一端连接附睾，另一端连接尿道。人有 2 条输精管，左右各一。

词根 vas 是管的意思，deferens 源于拉丁语 deferens，是带走的意思，vas deferens 在生物学中用来指代输精管。

例句 The sperm is transferred from the vas deferens into the urethra, collecting secretions from the male accessory sex glands such as the seminal vesicles, prostate gland and the bulbourethral glands, which form the bulk of semen. 精子从输精管运输到尿道的过程中，从附属的性腺，例如精囊腺、前列腺、尿道球腺中，收集分泌物，以形成精液。

vegetal pole 植物极

释义 由于卵细胞(ovum)内的细胞器(organelle)，细胞质(cytoplasm)等的不均匀分布，而呈现极性。卵黄较多，分裂较慢。

词根 vegetal 是植物的意思，pole 是极的意思，vegetal pole 是植物极的意思。

例句 In some cases, the vegetal pole is thought to differentiate into the extraembryonic membranes that protect and nourish the developing embryo. 在一些情况下，植物极被认为可以分成胚外膜，用以保护和滋养正在发育的胚胎。

zygote ['zaɪgoʊt] *n* 合子

释义 在有性生殖(sexual reproduction)中，雌雄配子(gamete)结合后形成的细胞结构的总称，也称之为受精卵。

词根 源于希腊语 zugōtos，是结合的意思，生物学中 zygote 指合子的意思。

例句 The zygote's genome is a combination of the DNA in each gamete, and contains all of the genetic information necessary to form a new individual. 合子的基因组是每个配子 DNA 的组合，含有形成一个新的个体的所有必需的遗传信息。

(51 words)

词汇索引

amylose [ˈæmɪˌlɒs] *n*	直链淀粉	11
anaerobic [ˌæneˈroʊbɪk] *adj*	厌氧的	36
anaphase [ˈænəˌfez] *n*	后期	29
anatomy [əˈnætəmi] *n*	解剖	71
androgen [ˈændrədʒən] *n*	雄激素	101
aneuploid [ənjupˈlɔɪd] *n*	非整倍体	43
angiosperm [ˌændʒɪrˌspəm] *n*	被子植物	75
animal pole	动物极	132
antenna pigment	天线色素	36
anterior pituitary	垂体前叶	106
anthophyta [ˈænθoʊfaɪtə] *n*	显花植物	75
antibiotic [ˌæntibaiˈɑːtɪk] *n*	抗生素	52
antibody [ˈæntibɑːdi] *n*	抗体	116
anticodon [ˈæntikədən] *n*	反密码子	52
antidiuretic hormone（ADH）	抗利尿激素	101
antigen [ˈæntɪdʒən] *n*	抗原	116
antigen-presenting cells（APCs）	抗原呈递细胞	117
anus [ˈenəs] *n*	肛门	84
aorta [eɪˈɔrtə] *n*	主动脉	92
apoplast pathway	质外体途径	75
archenteron [ˈɑːtʃentərən] *n*	原肠胚的中心空腔	132
arteriole [ɑrˈtɪrioʊl] *n*	细动脉	92
artery [ˈɑrtəri] *n*	动脉	92
arthritis [ɑrˈθraɪtɪs] *n*	关节炎	116
asexual [eˈsɛkʃuəl] *adj*	无性的	132
atrioventricular node（AVN）	房室结	93
atrium [ˈetriəm] *n*	心房	93
autoimmunity [ɔtəˈʊɪmjunɪtɪ] *n*	自体免疫性	116
autosome [ˈɔtəsoʊm] *n*	常染色体	43
autotroph [ˈɔːtətroʊf] *n*	自养生物	66
auxin [ˈɔksɪn] *n*	生长素	76
axon [ˈæksɑn] *n*	轴突	125
backcross [bækkˈrɒs] *n*	回交	43
bacteria [bækˈtɪriə] *n*	细菌	1

参考文献

[1] 卡罗尔·沃克. 朗文常用英文词根词典. 北京：外语教学与研究出版社，1999.

[2] 金正基. 英语词根词典. 李先汉，南燕，译. 北京：群言出版社，2009.

[3] 金正基. 英语词缀词典. 李先汉，南燕，译. 北京：群言出版社，2011.

[4] 李平武. 英语词根与单词的说文解字（修订版）. 北京：外语教学与研究出版社，2008.

[5] 齐真. 英汉·汉英生物学词汇手册. 上海：上海外语教育出版社，2013.

[6] 吴庆余. 基础生命科学. 北京：高等教育出版社，2002.

[7] 严俊，曾津晶. AP生物. 北京：中国人民大学出版社，2011.

[8] 英国培生教育出版亚洲有限公司. 朗文当代高级英语辞典：英英·英汉双解. 5版. 北京：外语教学和研究出版社，2014.

[9] 庄和诚. 英语词源趣谈. 2版. 上海：上海外语教育出版社，2009.

[10] Campbell，Neil A. Biology. Eighth Edition. Australian Version. Pearson education，2008.

[11] Deborah T. Golderg. AP Barron's 生物. 3版. 严俊，译. 上海：世界图书出版公司，2011.

[12] Mary Jones，Richard Fosbery，Jennifer Gregory，et al. Cambridge International AS and A Level Biology coursebook. Fourth Edition. Cambridge Press，2014.